Grundausgabe

Doppel-Klick

Das Arbeitsheft
+ Sprachförderung

5

Herausgegeben von
Renate Krull, Werner Bentin

Erarbeitet von
Angela Adhikari, Werner Bentin, Julia Beyer, Şule Ekemen,
Sandra Heidmann-Weiß, Renate Krull, Sabine Murhoff,
Silke Quast, Jeannette Salamon, Sebastian Scholz

Unter Beratung von
Şule Ekemen, Thomas Jaitner

DOPPEL-KLICK

DAS ARBEITSHEFT ✚ SPRACHFÖRDERUNG

Arbeitstechniken

Planen, schreiben, überarbeiten

Gattungen – Zu Texten schreiben

Rechtschreiben

Inhaltsverzeichnis

Grammatik

Nomen verwenden

Adjektive verwenden

Verben verwenden

Präpositionen verwenden

Satzglieder verwenden

Das kann ich!

Wissenswertes auf einen Blick

findest du auf den Umschlagseiten vorn und hinten in diesem Arbeitsheft.

Mit den Übungen und Kapiteln dieses Arbeitsheftes werden **die schriftlichen Klassenarbeiten in Klasse 5** vorbereitet.
Dabei werden folgende **Kompetenzen** trainiert:

Sachtexte lesen, schriftlich zusammenfassen und Fragen beantworten

➜ Texte lesen und verstehen: S. 6-13

Schriftlich erzählen

➜ Zu Bildern erzählen: S. 14-21
➜ Ein Märchen planen und schreiben: S. 39-43

Briefe schreiben

➜ Sich in einem Brief vorstellen S. 33-34

Sachlich beschreiben – Steckbriefe schreiben

➜ Einen Tiersteckbrief schreiben: S. 22-25
➜ Ein Tier in einem zusammenhängenden Text beschreiben: S. 26-29

Literarische Texte lesen, erschließen und untersuchen, Merkmale erkennen

➜ Ein Märchen lesen und Merkmale erkennen: S. 37-38

Texte überarbeiten

➜ Ein Märchen überarbeiten: S. 42

Produktionsorientiert schreiben – eigene Texte nach Mustern verfassen

➜ Zu einem Gedicht schreiben: S. 30-32
➜ Zu einem Märchen schreiben: S. 36-38

Schön schreiben im Arbeitsheft

Schreibe immer schön, auch im Arbeitsheft.
So kann jeder deine Arbeitsergebnisse immer gut lesen, auch du selbst.

1 Wie schaffst du es, schön zu schreiben?
   a. Sieh dir die Bilder an.
   b. Lies die Tipps unten auf der Seite.

2 Schreibe neben jedes Bild den passenden Tipp.

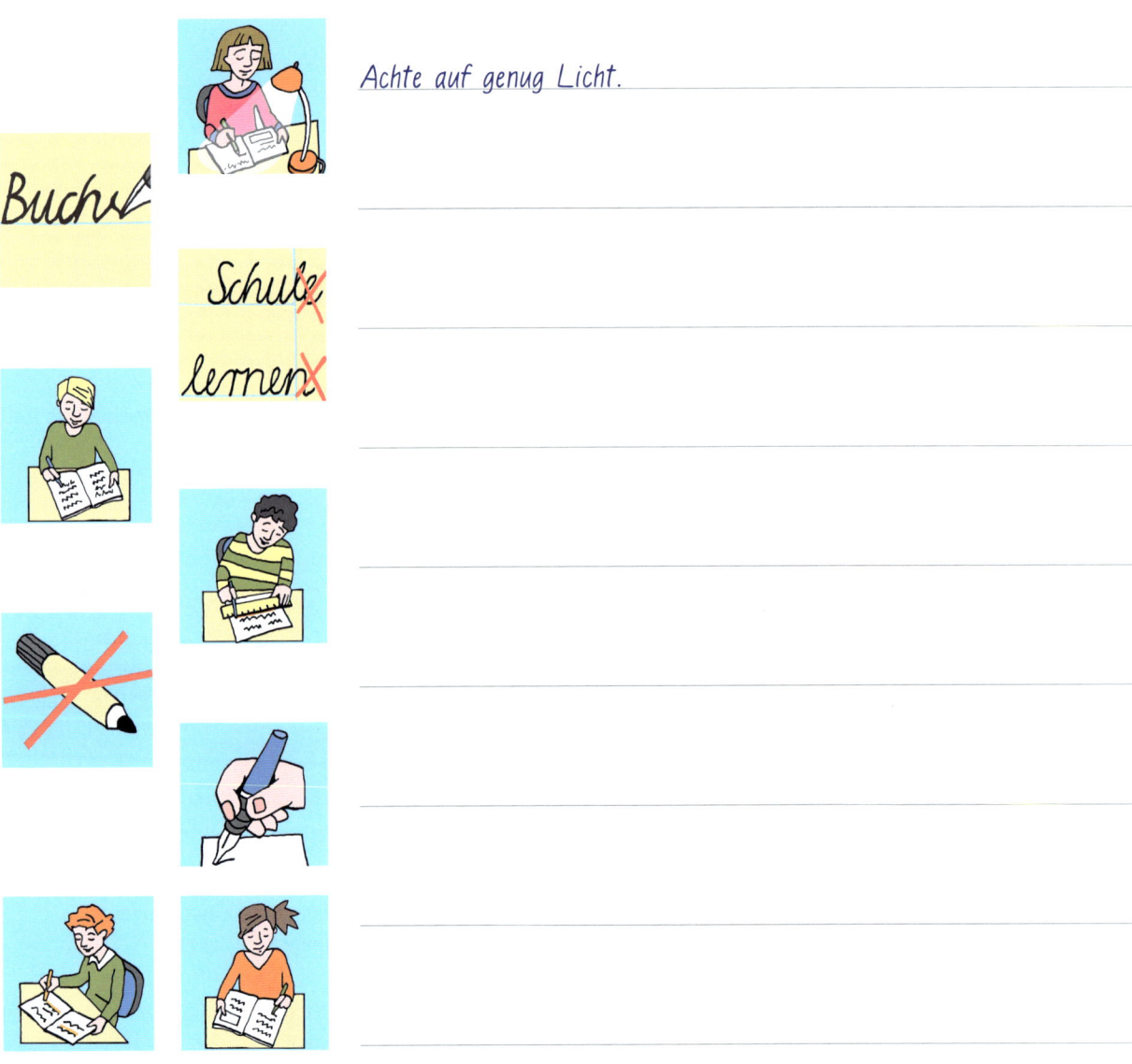

Achte auf genug Licht.

Tipps für schöne Arbeitshefte

• Schreibe mit dem Füller.
• Achte auf genug Licht.
• Verwende nie einen Filzstift.
• Unterstreiche mit dem Lineal.
• Schreibe so, dass man alle Buchstaben gut lesen kann.
• Schreibe nicht über den Rand.
• Markiere mit einem Marker oder einem Buntstift in einer hellen Farbe.
• Lege das Arbeitsheft ein bisschen schräg.

Deine Schrift

In verschiedenen Klassen und Schulen werden verschiedene Schriften geschrieben.

1 a. Sieh dir die Buchstaben in den drei Schriften an.
  b. Welche Schrift schreibst du? Schreibe es auf.

Ich schreibe die _____

Die lateinische Ausgangsschrift

AaBbCcDdEeFfGgHhIiJjKkLlMmNnOo

PpQqRrSsTtUuVvWwXxYyZz 1234567890

Die vereinfachte Ausgangsschrift

AaBbCcDdEeFfGgHhIiJjKkLlMmNnOoPp

QqRrSsTtUuVvWwXxYyZz 1234567890

Die Schulausgangsschrift

AaBbCcDdEeFfGgHhIiJjKkLlMmNnOo

PpQqRrSsTtUuVvWwXxYyZz 1234567890

2 Schreibe die Buchstaben und die Ziffern in deiner Schrift auf.
  Schreibe sorgfältig und gut lesbar.

_____

_____

_____

_____

Personalpronomen

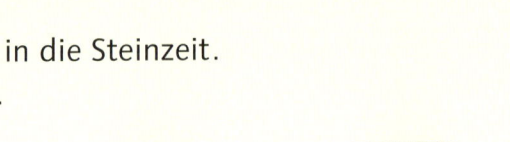

Ich reise mit der Zeitmaschine in die Steinzeit.
Dort leben Steinzeitmenschen.

ich   du   er   es   sie
                                der Mann   das Kind   die Frau

ich _____ _____ _____ _____ _____

wir   ihr   sie
                                die Menschen

_____ _____ _____

1 Schreibe die Personalpronomen und die Nomen mit Artikel auf die Linien.

Ich spreche mit einem Jungen aus der Steinzeit.

„Du", frage ich einen Jungen, „was machst du da?" „Ich sammle Früchte für sie",
sagt er. „Wer sind sie?", frage ich ihn. „Na, sie, die Menschen, mit denen ich
zusammenlebe. Da ist mein Vater, er kommt gerade von der Jagd zurück.
Und da ist meine Mutter, sie macht Feuer. Sie will das Fleisch im Feuer braten",
sagt der Junge. „Und dann esst ihr alle zusammen?", frage ich. „Wir,
meine Eltern, meine Geschwister und ich, essen dann alle zusammen", sagt er.
„Isst das Baby auch etwas?" „Nein, es bekommt Muttermilch."

2 Im Text sind Wortgruppen hervorgehoben.
Welche Personalpronomen ersetzen diese Wortgruppen?
Kreise die Personalpronomen ein.

3 Markiere im Text alle Personalpronomen.

Der Textknacker

? Wie wurden wilde Tiere zu Haustieren?
  Der Sachtext gibt darauf eine Antwort.

Mit dem Textknacker knackst du den Text in vier Schritten.
Zum Schluss schreibst du eine Zusammenfassung.

1. Vor dem Lesen
2. Das erste Lesen
3. Den Text genau lesen
4. Nach dem Lesen

1. Schritt: Vor dem Lesen

Bilder erzählen dir viel.

Bild 1: Vor 10 000 Jahren

1 a. Sieh dir das Bild 1 genau an. Was siehst du?
    b. Lies die Bildüberschrift.
    c. Beschreibe das Bild in kurzen Sätzen.

Auf Bild 1 sehe ich Menschen vor _____ Jahren.

Ein Mann hält einen _____.

Ein Junge pflückt und isst _____.

Drei Menschen sitzen vor einer _____.

Da liegt auch ein totes _____.

Eine Frau macht _____.

Feuer
Früchte
10 000
Höhle
Tier
Wolfshund

→ Das kann ich! Seite 90   7

Bild 2: Viele 1000 Jahre später

1 mahlt Korn, 2 melkt eine Ziege, 3 schert ein Schaf, 4 wässert das Feld,
5 holen Wasser, 6 arbeiten auf dem Feld, 7 hüten Kühe

2 a. Sieh dir das Bild 2 genau an.
   b. Beschreibe, was die Menschen tun.

Auf Bild 2 sehe ich Menschen _____ _____ _____ später.

Eine Frau _____ _____.

Eine andere _____ _____ _____.

Ein Mann _____ _____ _____.

Ein anderer Mann _____ _____ _____.

Mehrere Männer _____ _____.

Zwei Männer _____ _____ _____.

Zwei Männer und zwei Hunde _____ _____.

Die Bilder 1 und 2 gehören zu dem Sachtext auf Seite 9.

3 a. Lies die Überschrift über dem Sachtext.
   b. Worum geht es wohl in dem Text? Schreibe es auf.

Ich denke, in dem Text geht es darum, _____

_____

2. Schritt: Das erste Lesen

Bevor du einen Sachtext genau liest, solltest du ihn überfliegen.

4 a. Folge der Linie mit den Augen von links oben nach rechts unten.
Unterbrich deinen Weg auf der Linie nicht.
b. Zeichne die Linie mit einem Bleistift nach.

Wie wurden wilde Tiere zu Haustieren?

1 Vor 10 000 Jahren lebten die Menschen in Höhlen. Sie suchten immer nach Essen und zogen von einem Ort zum anderen. Sie suchten Früchte und töteten Tiere.

5 Wölfe fraßen die Knochen von den Tieren, die die Menschen getötet hatten. Vielleicht gewöhnten sich Menschen und Wölfe so aneinander. Vielleicht zogen Menschen vor 10 000 Jahren auch Wolfsjunge auf.
10 Vielleicht entwickelte sich durch diesen Kontakt zwischen Menschen und Wölfen der Hund.

Viele tausend Jahre später bauten die Menschen Getreide auf Feldern an.
15 Deshalb bauten sie Hütten in der Nähe von den Feldern. Sie blieben dort und wurden sesshaft.

Sie zähmten auch Ziegen, Schafe und Kühe. Diese Tiere lebten mit den Menschen
20 zusammen. Die Tiere gaben Milch und aus der Milch konnten die Menschen Butter und Käse machen. Aus Wildschweinen wurden Hausschweine. Sie lieferten Fleisch und Fett. Aus allen diesen Tieren wurden Nutztiere.
25 Sie nutzten den Menschen. Doch mit keinem anderen Tier verstand sich der Mensch so gut wie mit dem Hund.

Das ist auch noch heute so. Heute gibt es auch Wachhunde. Sie bewachen Häuser und Menschen. Heute gibt es Polizeihunde.
30 Sie arbeiten mit Polizisten zusammen. Heute gibt es Blindenhunde. Sie helfen blinden Menschen, den Weg zu finden. Heute leben Hunde als Freunde der Menschen.

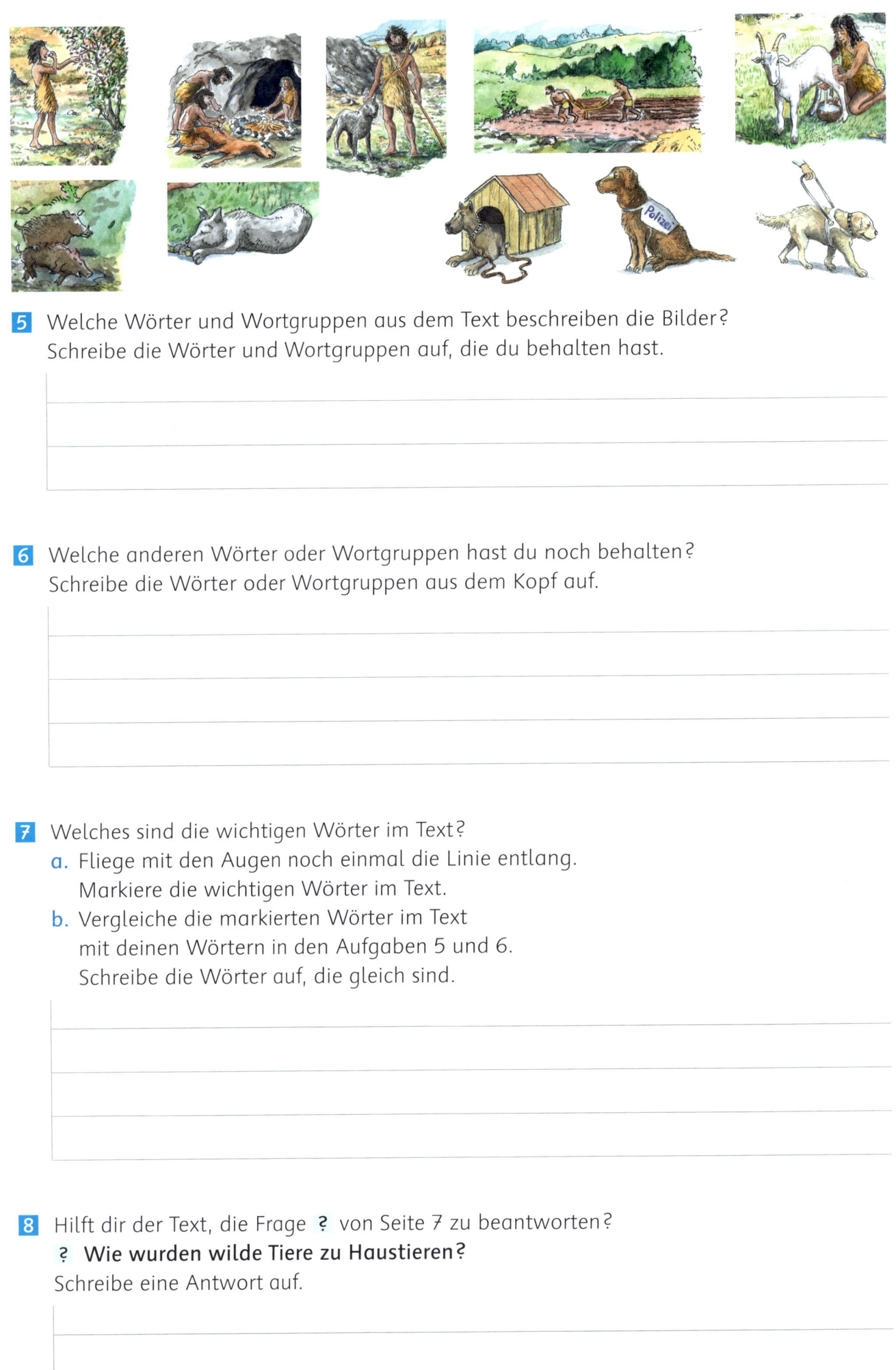

5 Welche Wörter und Wortgruppen aus dem Text beschreiben die Bilder?
Schreibe die Wörter und Wortgruppen auf, die du behalten hast.

6 Welche anderen Wörter oder Wortgruppen hast du noch behalten?
Schreibe die Wörter oder Wortgruppen aus dem Kopf auf.

7 Welches sind die wichtigen Wörter im Text?
a. Fliege mit den Augen noch einmal die Linie entlang.
   Markiere die wichtigen Wörter im Text.
b. Vergleiche die markierten Wörter im Text
   mit deinen Wörtern in den Aufgaben 5 und 6.
   Schreibe die Wörter auf, die gleich sind.

8 Hilft dir der Text, die Frage **?** von Seite 7 zu beantworten?
   ? Wie wurden wilde Tiere zu Haustieren?
   Schreibe eine Antwort auf.

3. Schritt: Den Text genau lesen

9 Lies nun den Sachtext auf Seite 9 genau und in Ruhe.

Der Sachtext besteht aus fünf Absätzen.

10 Nummeriere die Absätze im Text auf Seite 9.
Schreibe zu jedem Absatz eine Überschrift auf.
Tipp: Du kannst die Überschriften vom Rand
verwenden.

> • Hunde als Freunde der Menschen
> • Menschen vor 10 000 Jahren
> • Menschen wurden sesshaft
> • Menschen zähmten Tiere
> • Wölfe gewöhnen sich an Menschen
>   und werden zu Haushunden

1 Menschen _____

2 _____

3 _____

4 _____

5 _____

11 Worum geht es im Einzelnen in den Absätzen?
Schreibe die wichtigen Wörter auf. Sie heißen Schlüsselwörter.

1 _____

2 _____

3 _____

4 _____

5 _____

In Sachtexten gibt es oft unbekannte Wörter.
Manche Wörter werden durch Bilder erklärt.

12 Welche Wörter werden durch diese Bilder erklärt?
Schreibe die Wörter neben die passenden Bilder.

 _____    _____

 _____    _____

Manche Wörter kannst du selbst erklären.
Andere Wörter werden im Text erklärt.

13 Was bedeutet **Wolfsjunges**?
Das Wort kannst du zerlegen: **Wolf + s + Junges**.
Schreibe die Bedeutung in deinen Worten auf.

Ein Wolfsjunges ist _____ .

14 Das Wort **Nutztier** wird im Text erklärt.
a. Markiere die Zeile im Text auf Seite 9.
b. Schreibe die Bedeutung auf.

15 Welche anderen Wörter hast du nicht verstanden?
a. Schlage im Lexikon nach.
b. Schreibe die Wörter und ihre Bedeutung in dein Heft.

4. Schritt: Nach dem Lesen

Eine Zusammenfassung zeigt, was du verstanden hast.

16 Vervollständige den Text mit den Wörtern vom Rand.

arbeiten
bewachen
zu Freunden
Früchte
Getreide
helfen
Hütten
Kühe
Nutztiere
Schafe
Schweine
sesshaft
sesshaft
Tiere
Ziegen
~~zogen~~

Vor 10 000 Jahren _zogen_____ die Menschen von einem Ort

zum anderen. Sie suchten nach Essen: Sie suchten _____

und töteten _____. Die Menschen waren noch nicht _____.

Später bauten die Menschen _____. Denn sie bauten _____

auf Feldern an. Die Menschen wurden _____. Sie zähmten auch

Tiere: _____ , _____ , _____ und _____.

Diese Tiere gaben Milch oder lieferten Fleisch. Sie nützten

den Menschen, es waren _____.

Auch Hunde lebten mit den Menschen zusammen.

Sie waren aber keine Nutztiere, die Milch oder Fleisch lieferten.

Sie wurden _____ _____ des Menschen.

Das ist auch heute noch so. Sie _____ Häuser und Menschen.

Sie _____ mit Polizisten zusammen. Sie _____ blinden Menschen.

→ Das kann ich! Seite 90

Mit denn-Sätzen begründen

Warum lebten Menschen in der Steinzeit anders als wir heute?
Mit denn-Sätzen kannst du es begründen.

1 Lies die Sätze in der linken Spalte.

Menschen in der Steinzeit trugen Kleidung aus Fell.	Es gab keinen Bäcker.
Sie ernteten das Getreide, mahlten das Getreide und backten Brot.	Es gab keine Kleidung aus Stoff.
Sie jagten Tiere.	Es gab keine Milch im Karton.
Sie machten offenes Feuer zum Kochen und Braten.	Es gab keine Zentralheizung.
Sie brauchten das Feuer auch zum Wärmen.	Es gab keinen Obsthändler.
Sie melkten ihre Kühe und Ziegen selbst.	Es gab keinen Schlachter.
Sie sammelten Früchte.	Es gab keinen Küchenherd mit Gas oder Strom.

2 Die Sätze in der rechten Spalte geben Gründe an.
   a. Lies die Sätze.
   b. Ordne die Sätze in der rechten Spalte den Sätzen in der linken Spalte richtig zu.
      Verbinde die passenden Sätze mit Linien.

3 Schreibe die passenden Sätze zusammen auf.
   Verbinde sie mit **denn**. Setze ein Komma vor **denn**.

   Menschen in der Steinzeit trugen Kleidung aus Fell, denn es gab keine Kleidung aus Stoff.

Wörter und Zahlen zum Thema Einkaufen

der/ein   die/eine   das/ein

Ein Einkaufszettel

1 a. Was steht auf dem Einkaufszettel? Lies.
   b. Sieh dir die Bilder an.
   c. Verbinde die Wörter mit den passenden Bildern.

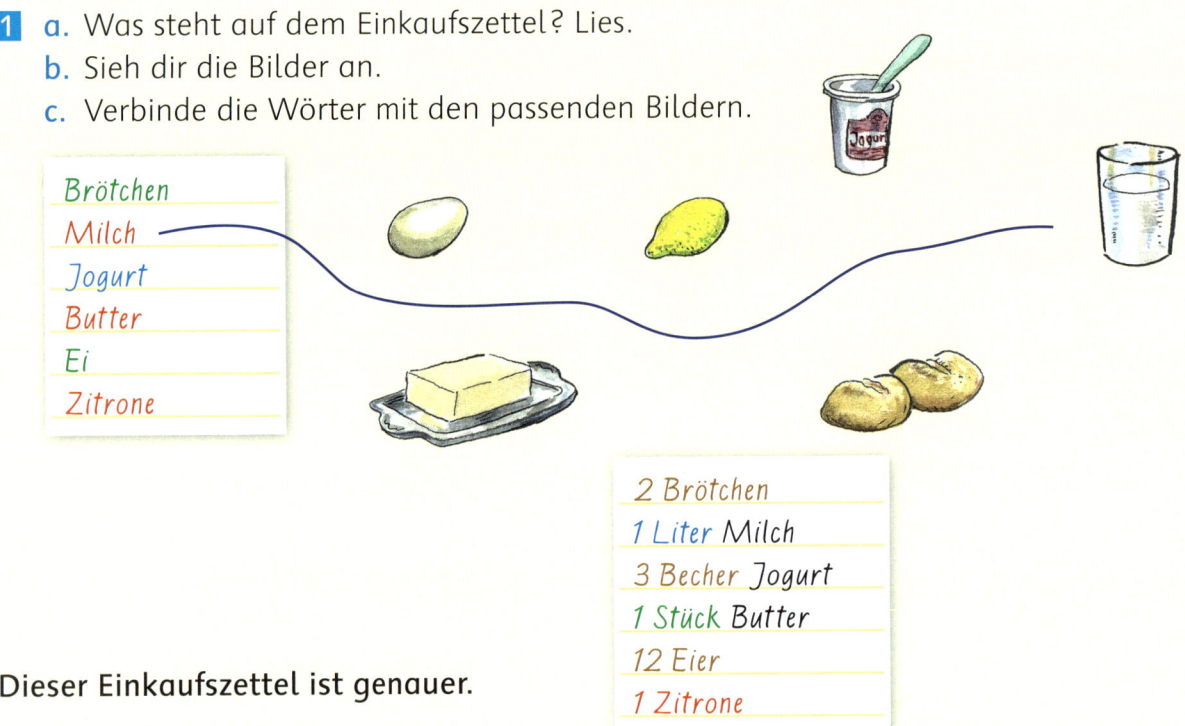

Brötchen
Milch
Jogurt
Butter
Ei
Zitrone

2 Brötchen
1 Liter Milch
3 Becher Jogurt
1 Stück Butter
12 Eier
1 Zitrone

Dieser Einkaufszettel ist genauer.

2 a. Lies den Einkaufszettel.
   b. Schreibe die Wörter von diesem Einkaufszettel in die Tabelle.

der Singular (die Einzahl)			der Plural (die Mehrzahl)
1 → ein	1 → ein	1 → eine	2, 3 … 12 → zwei, drei, … zwölf
ein			zwei Brötchen

3 Was kaufe ich? ein → einen ein → ein eine → eine
   Schreibe den Einkaufszettel als langen Satz auf.

Ich kaufe _einen Liter_____ , _____ ,

_____ , _____ ,

_____ , _____ .

4 a. Lies den langen Satz aus Aufgabe 3.
      Lies ihn noch einmal. Und noch einmal.
   b. Halte die Augen zu und sage den Satz auswendig auf.

Zu Bildern erzählen

Der Vater sagt Tim, was er einkaufen soll.
Doch auf dem Weg zum Supermarkt ist so viel zu sehen ...

1 Sieh die Bilder genau an.

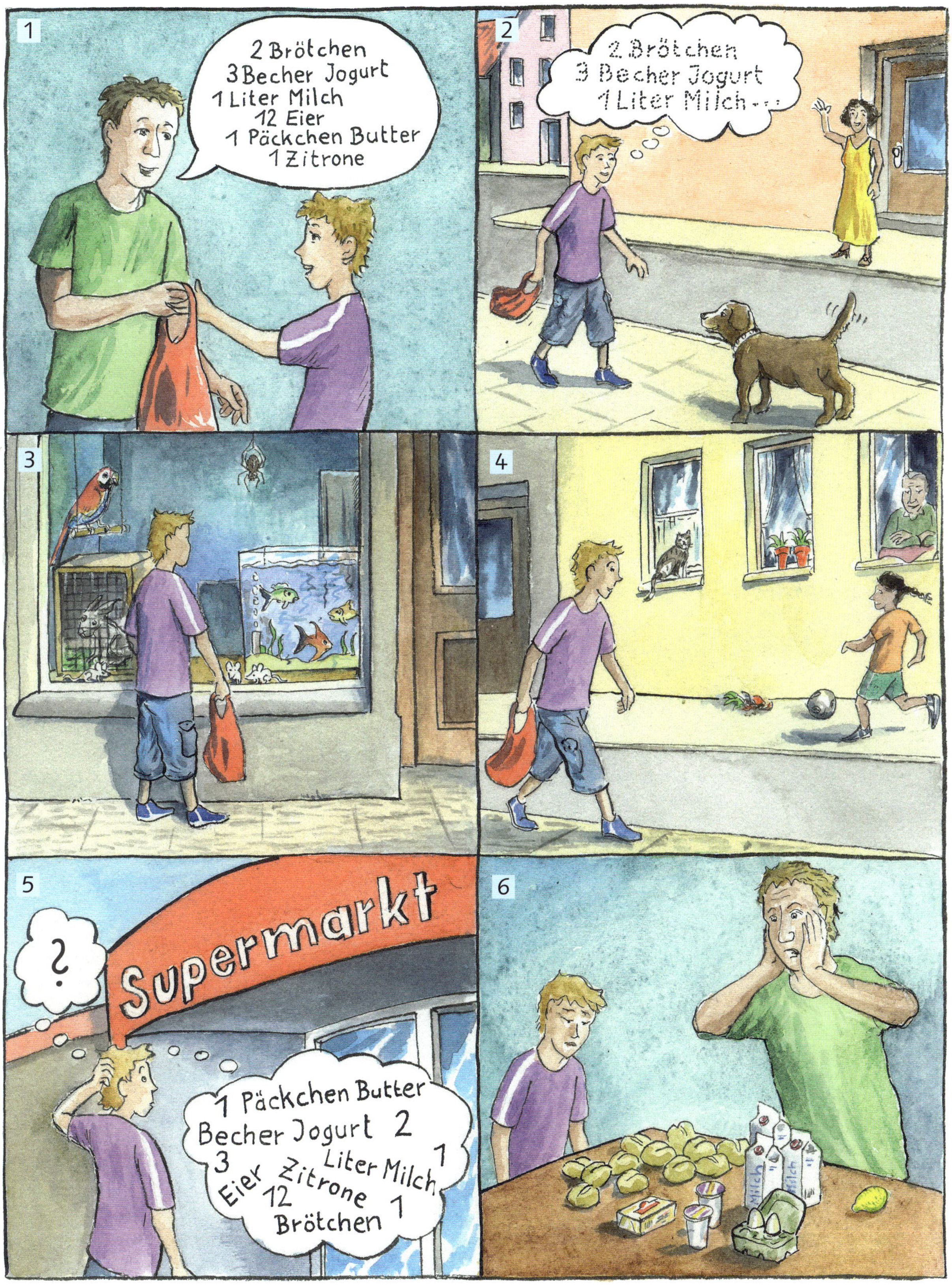

Worum geht es in der Bildergeschichte?

2 Schreibe die Antworten auf die folgenden Fragen auf.

Welche beiden wichtigen Personen spielen in der Bildergeschichte mit?

_____ *und* _____

Welche von beiden ist die Hauptperson?

_____

Was soll Tim tun?

Er soll _____ .

Der Vater sagt Tim, was er einkaufen soll.

3 Was sagt der Vater Tim?
a. Sieh dir Bild **1** an.
b. Schreibe es auf.
   Tipp: Du kannst die Tabelle zu Hilfe nehmen.

Der Vater sagt: „Kaufe bitte *einen* _____ Milch,

zwei _____ ,

_____ Jogurt, _____ _____ Butter,

_____ Eier und _____ Zitrone."

einen	ein	eine	zwei, drei, ... zwölf
Liter Milch	Stück Butter	Zitrone	Brötchen, Becher Jogurt, Eier

Tim geht los.

4 Wen sieht Tim auf der Straße auf Bild **2** ?
Schreibe es mit Hilfe der Tabelle auf.

Auf der Straße sieht Tim _____ _____ und

_____ _____ .

einen	eine
Mann Freund Hund	Frau Freundin

5 Wer tut was?
a. Sieh dir Bild **2** an. Kreuze zwei richtige Sätze an.
b. Schreibe die zwei richtigen Sätze in dein Heft.

☐ Der Mann winkt freundlich.　　☐ Der Hund bellt.

☐ Die Frau winkt freundlich.　　☐ Der Hund wedelt mit dem Schwanz.

☐ Das Kind winkt freundlich.　　☐ Der Hund frisst eine Wurst.

Nun bleibt Tim vor einer Zoohandlung stehen. Er staunt.

Fische	laufen	an der Decke.
Mäuse	schwimmen	im Käfig.
Ein Papagei	sitzt	im Aquarium.
Eine Spinne	sitzt	auf einer Schaukel.
Ein Kaninchen	hängt	im Schaufenster.

6 Da stimmt doch etwas nicht!
Du kannst die Teile der Sätze ordnen.
   a. Sieh dir Bild 3 an.
   b. Lies die falschen Sätze.
   c. Verbinde die Teile der Sätze richtig.
   d. Schreibe die Sätze richtig auf.

Tim geht weiter.
Es gibt so viel zu sehen!

7 Was sieht Tim?
   a. Sieh dir Bild 4 an.
   b. Markiere in jeder Reihe die richtigen Teile der Sätze.

Auf der anderen Straßenseite	sind	vier Fenster.	
Auf der Fahrbahn	lachen	drei Fenster.	
Auf der rechten Fensterbank	sitzt	ein Kaninchen.	
Auf der linken Fensterbank	schläft	eine Katze.	
Aus dem mittleren Fenster	sieht	eine Frau.	
Aus dem rechten Fenster	ruft	ein Mann.	
Im mittleren Fenster	stehen	zwei	
Auf der rechten Fensterbank	liegen	Blumentöpfe.	
Ein Blumentopf	liegt	auf der Straße.	
Ein Blumenstrauß	steht	neben der Katze.	
Plötzlich	sieht	Tim	ein Mädchen.
Langsam	ruft	der Autofahrer	ein Auto.
Er	spielt	Handball.	
Es		Fußball.	

Dann steht Tim vor dem Supermarkt.
Was soll er nur einkaufen?

8 Wie viele Brötchen soll Tim kaufen? Und wie viel …?
a. Schreibe die Zahlen als Wörter auf die Linien.
b. Was ist jeweils richtig? Unterstreiche.

zwei Brötchen oder _____ Brötchen?
2   12

_____ Liter Milch oder _____ Liter Milch?
1   3

_____ Stück Butter oder _____ Stück Butter?
2   1

_____ oder _____ Becher Jogurt?
3   2

_____ oder _____ Eier?
2   12

Zitrone oder _____ Zitronen?
1   2

eins: einen/ein/eine
zwei
drei
…
zwölf

Zu Hause gibt es dann ein Problem.

9 Was ruft der Vater?
Schreibe es auf.

„Da liegen ja _____ Eier. Wir brauchen aber _____.

Da sind _____ Brötchen. Wir brauchen aber _____.

Da sind _____ Liter Milch. Wir brauchen aber nur _____.

Da liegt _____ Stück Butter. Das ist richtig.

Da liegt _____ Zitrone. Das ist auch richtig.

Da stehen _____ Becher Jogurt. Wir brauchen aber _____."

10 Was denkt der Vater? Was denkt Tim?
Schreibe auf.

Der _____ _____: Das nächste Mal gebe ich einen Einkaufszettel mit.

_____ _____: Das nächste Mal passe ich besser auf.

Die Geschichte schreiben

Nun kannst du die ganze Geschichte zu den Bildern
zusammenhängend aufschreiben.

1 Schreibe die Geschichte als Ganzes.
Tipp: Am Rand findest du Hinweise, wo du nachsehen kannst.

Überschrift: _____

Der Vater möchte, dass _____ einkauft. Er sagt:

→ Seite 16,
Aufgabe 3

„_____

_____

_____"

Tim geht los.

→ Seite 16,
Aufgaben 4, 5

Nun bleibt Tim vor einer Zoohandlung stehen. Er staunt.

→ Seite 17,
Aufgabe 6

Tim geht weiter. Es gibt so viel zu sehen.

→ Seite 17,
Aufgabe 7

Dann steht Tim vor dem Supermarkt.

Er überlegt. Wie viel soll ich kaufen? Zwei oder zwölf Brötchen?

→ Seite 18, Aufgabe 8

        oder   Liter Milch?

        oder   Stück Butter?

        oder   Becher Jogurt?

        oder   Eier?

        oder   Zitronen?

Zu Hause gibt es dann ein Problem. Der Vater ruft:

→ Seite 18, Aufgabe 9

„Da liegen

                                                                                ."

Der Vater denkt: Das nächste Mal

→ Seiten 18, Aufgabe 10

Tim denkt:

2 Überlege dir eine Überschrift. Schreibe sie auf.

Z **Du kannst deine Geschichte noch lebendiger erzählen.**

3 Was denkt Tim im Laufe der Geschichte?
Ergänze passende Sätze in deiner Geschichte.
Schreibe dazu die Nummern in deinen Text.

   1 Tim denkt: Oh, da ist ja Bello!

   2 Tim denkt: Ich möchte gern ein Kaninchen haben!

   3 Hat das Mädchen den Blumentopf mit dem Ball getroffen?

   4 Tim denkt: Oh, so viele Brötchen!

Zum Schluss kannst du deine Geschichte überarbeiten.

4 Überprüfe und überarbeite deinen Text.
  • Hast du jedes Bild vollständig beschrieben?
  • Hast du alles richtig geschrieben?

→ Das kann ich! Zu Bildern erzählen: Seite 91
→ Das kann ich! Eine Geschichte überarbeiten: Seite 92

Satzglieder umstellen

Satzglieder kannst du umstellen.

Fische schwimmen im Aquarium .

Im Aquarium schwimmen Fische .

1 a. Schreibe die beiden Sätze ab.
b. Markiere die Satzglieder mit den Formen wie in den Beispielen.

2 Welches Satzglied ist an der zweiten Stelle geblieben?
Schreibe es noch einmal auf. Markiere es wie in den Beispielen.

3 a. Markiere auch in den folgenden Sätzen die Satzglieder.
b. Stelle die Satzglieder um.

Mäuse laufen im Schaufenster .

Im

Ein Papagei sitzt auf einer Schaukel.

Eine Spinne hängt an der Decke.

Ein Kaninchen sitzt im Käfig.

4 Wo steht das Verb in einem Satz mit Punkt?
Ergänze das Merkwissen.

Zusammengesetzte Tiernamen

Tiernamen können aus zwei Nomen zusammengesetzt sein.

der/ein   die/eine

das/ein

1 Lies die Tiernamen.

☐ der Schneeleopard

☐ der Fischotter

☐ die Vogelspinne

1 das Baumkänguru

☐ die Säbelantilope

☐ das Flusspferd

1 das Baumkänguru

2 Ordne die Tiernamen nach dem Alphabet.
   a. Nummeriere die Kästchen in der richtigen Reihenfolge.
      Tipp: Du kannst auch im Wörterbuch nachschlagen.
   b. Schreibe die Tiernamen in der richtigen Reihenfolge auf die Linien.

   das Baumkänguru: der Baum + das Känguru

3 Die Tiernamen in Aufgabe 1 sind aus zwei Nomen zusammengesetzt.
   Schreibe jeweils die zwei Nomen mit Artikel auf.
   Tipp: Die Farben helfen dir, den richtigen Artikel zu erkennen.

   das Baumkänguru: der Baum + das K

Auch der Ameisenbär ist ein interessantes Tier.
Sein Name sagt dir etwas über seine Nahrung.

4 Vervollständige die Sätze.

   Der _____ ist kein Bär. Er gehört aber auch zu den Säugetieren.

   Er heißt Ameisenbär, weil er _____ frisst.

Tiere beschreiben

Einen Steckbrief schreiben

Mit einem Tiersteckbrief kannst du den Großen Ameisenbären beschreiben.
Das übst du hier Schritt für Schritt.

1. Schritt: Bilder sagen dir sehr viel über das Tier.

1 Der Große Ameisenbär sieht ungewöhnlich aus. Wo ist denn der Kopf?
Sieh dir das Bild genau an.

Der Große Ameisenbär

2 a. Sieh dir nun die Zeichnung genau an.
Was fehlt in der Zeichnung?
b. Ergänze die Zeichnung mit Hilfe des Fotos.
c. Male die Zeichnung farbig an.

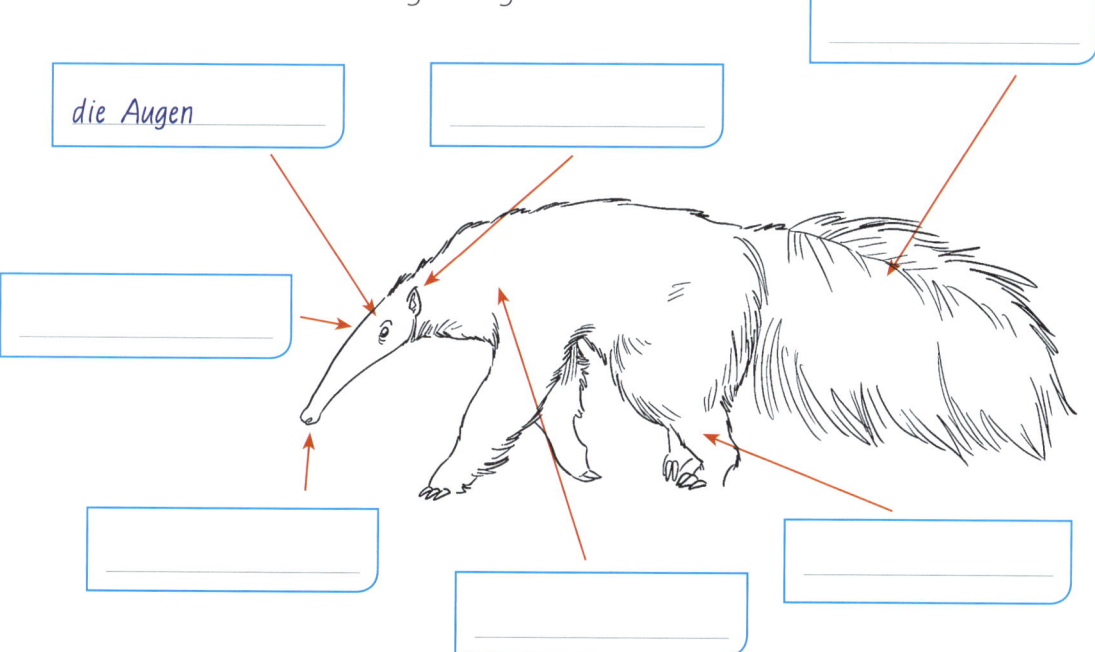

die Augen

die Augen
das Bein
der Kopf
das Ohr
die Schnauze
der Schwanz
der Streifen

3 Ordne die Wörter für die Körperteile richtig zu.
Schreibe sie an die Zeichnung.

→ Das kann ich! Seite 93

23

Dieser Sachtext informiert dich über den Großen Ameisenbären.

1. Vor dem Lesen
2. Das erste Lesen
3. Den Text genau lesen

4 Lies den Sachtext mit Hilfe des Textknackers.
   a. Überfliege den Text.
   b. Lies den Text genau, Absatz für Absatz.

Der Große Ameisenbär

Name _____

1 Der Große Ameisenbär ist in Mittel- und Südamerika zu Hause. Dort kommt er von Mexiko bis nach Paraguay vor.

2 Er lebt in Savannen[1] und Wäldern, ist aber auch an Flussufern zu finden. Er gräbt Erdhöhlen, in denen er sich vor seinen Feinden,
5 zum Beispiel einem Jaguar, versteckt. Der Ameisenbär ist friedlich und flüchtet lieber, anstatt anzugreifen.

3 Er hat einen großen Körper, einen kleinen Kopf mit einer dünnen, langer Schnauze. Das Tier erreicht eine Länge von 100 bis 120 cm.

10 **4** An Hals und Schulter verläuft ein schwarzer Streifen. Sein Vorderkörper hat graues Fell. Die weiße Zeichnung an den Vorderbeinen ist auffällig. Sein buschiger Schwanz ist dunkelbraun gefärbt. Er hat vier kräftige, jedoch kurze Beine. An seinen Vorder- und Hinterfüßen befinden sich lange Krallen
15 an den fünf Zehen.

5 Seine Nahrung besteht aus Ameisen, die er mit seiner Zunge aus den Gängen der Ameisenbauten herausholt. Man erkennt an seiner Schnauze einen kleinen Mund. Er besitzt keine Zähne, hat dafür jedoch eine lange, klebrige Zunge.

20 **6** Das Weibchen bekommt meist nur ein Junges und dieses wird gesäugt. Der Ameisenbär gehört nicht zu den Bären, ist jedoch auch ein Säugetier.

5 Der Text ist in sechs Absätze gegliedert.
   a. Ordne jedem Absatz die passende Überschrift zu.
   b. Schreibe die Überschriften neben den Text.
   c. Markiere in jedem Absatz die wichtigsten Informationen.

> Aussehen
> Ernährungsweise
> Fortpflanzung und Nachwuchs
> Größe
> Heimat
> Lebensraum
> ~~Name~~

[1] **die Savanne:** eine wasserarme Ebene mit einzelnen Bäumen

3. Schritt: In einem Steckbrief informierst du kurz und übersichtlich über das Tier.

6 Sieh dir den Steckbrief an.

Hauptstichwörter	Beschreibung
Name:	*Der Große Ameisenbär*
Heimat:	*Mittel- und Südamerika*
Lebensraum:	
Größe:	
Aussehen:	
Ernährungsweise:	
Fortpflanzung und Nachwuchs:	

7 Nun kannst du den Tiersteckbrief schreiben.
- Verwende die Informationen aus dem Sachtext auf Seite 24.
  Tipp: Du hast das Wichtigste schon markiert.
- Schreibe zu jedem Hauptstichwort die wichtigsten Informationen auf.
  Schreibe in Stichworten.
  Tipp: Die Hauptstichwörter sind deine Überschriften von Seite 24.

Ein Tier in einem Text beschreiben

Du kannst ein Tier auch in einem Text mit vollständigen Sätzen beschreiben.

1. Schritt: Das Bild und der Steckbrief informieren dich über das Tier.

1 a. Sieh dir das Foto an.
b. Lies den kurzen Text.

Ein weiteres Tier aus Südamerika ist das Zweifingerfaultier. Es hängt mit dem Körper nach unten im Baum wie eine Hängematte und bewegt sich im Zeitlupentempo.

2 Schreibe den Namen des Tieres auf. _____

3 Was ist das für ein Tier? Setze passende Wörter in die Lücken ein.

Diese Art Faultier heißt Zweifingerfaultier, weil es nur zwei _____

besitzt. Es hat den Namen Faultier, weil sich das Tier nur wenig bewegt und

deshalb _____ wirkt.

4 Wo lebt das Tier? Wo hängt es? Schreibe es auf.

_____

5 a. Lies den Steckbrief über das Zweifingerfaultier.
b. Markiere wichtige Wörter.

Hauptstichwörter	Beschreibung
1. Name und Ordnung:	das Zweifingerfaultier gehört zu den Zahnarmen, besitzt also nur wenige Zähne
2. Heimat:	im tropischen Regenwald in Südamerika
3. Größe:	bis zu 75 cm
4. Gewicht:	bis zu 6 kg
5. Aussehen:	graubraunes Fell, vier Beine mit jeweils zwei Krallen zum Festhalten an Ästen
6. Nahrung:	nur wenig Nahrung, überwiegend Blätter, Früchte und Insekten
7. Fortpflanzung und Nachwuchs:	meist nur ein Jungtier, die Mutter säugt ihr Junges, es hängt am Bauch der Mutter
8. Verhalten und Lebensweise:	schläft 20 Stunden am Tag, nachtaktiv, sehr langsam, die meiste Zeit in Ästen von Bäumen

2. Schritt: Du ordnest die Informationen.

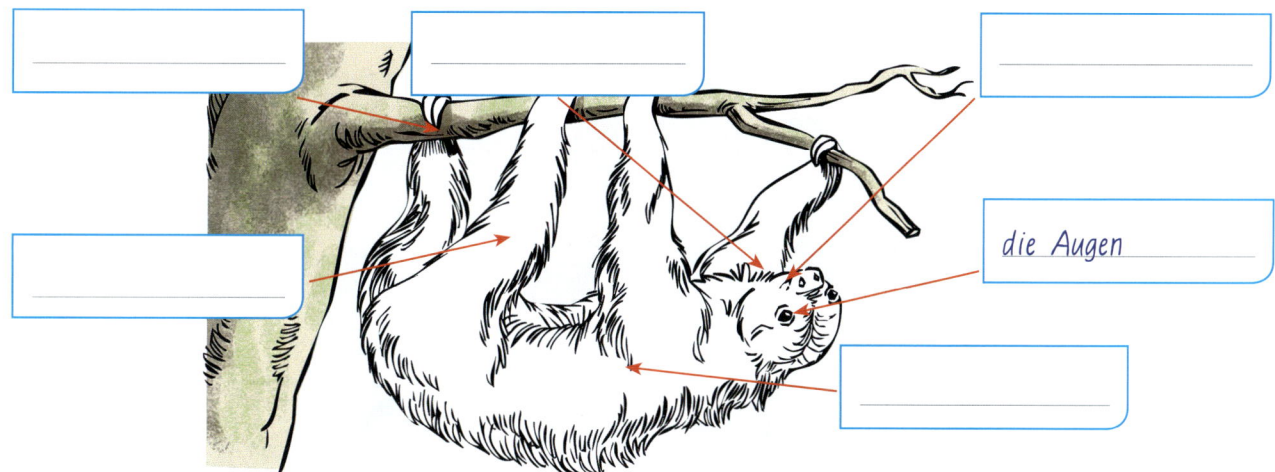

die Augen

6 Vergleiche die Zeichnung mit dem Foto auf Seite 26.
Male die Zeichnung farbig an.

7 Ordne die Wörter für die Körperteile richtig zu.
Schreibe sie an die Zeichnung.

die Augen
das Bein
das Fell
der Kopf
die Krallen
die Nase

3. Schritt: Du beschreibst das Tier in einem vollständigen Text.

8 **a.** Lies den Steckbrief über das Zweifingerfaultier noch einmal.
Vervollständige die Sätze in der Tabelle.
b. Schreibe deine Tierbeschreibung mit einer Überschrift in dein Heft.

1. Das Zweifingerfaultier	gehört zu	den Zahnarmen .
2. Der Regenwaldbewohner	lebt	.
3. Das Wildtier	misst	.
4. Es	wiegt	.
5. Das getarnte Tier	hat	.
Es	besitzt	.
6. Der Vierbeiner	frisst	.
7. Das Muttertier	bekommt	.
Es	säugt	.
8. Das Tier	schläft	.
Das Faultier	bewegt sich	.
Der Baumbewohner	befindet sich	.

4. Schritt: Du überarbeitest die Tierbeschreibung.

Du kannst das Aussehen des Zweifingerfaultiers mit Hilfe von Adjektiven
genauer beschreiben.

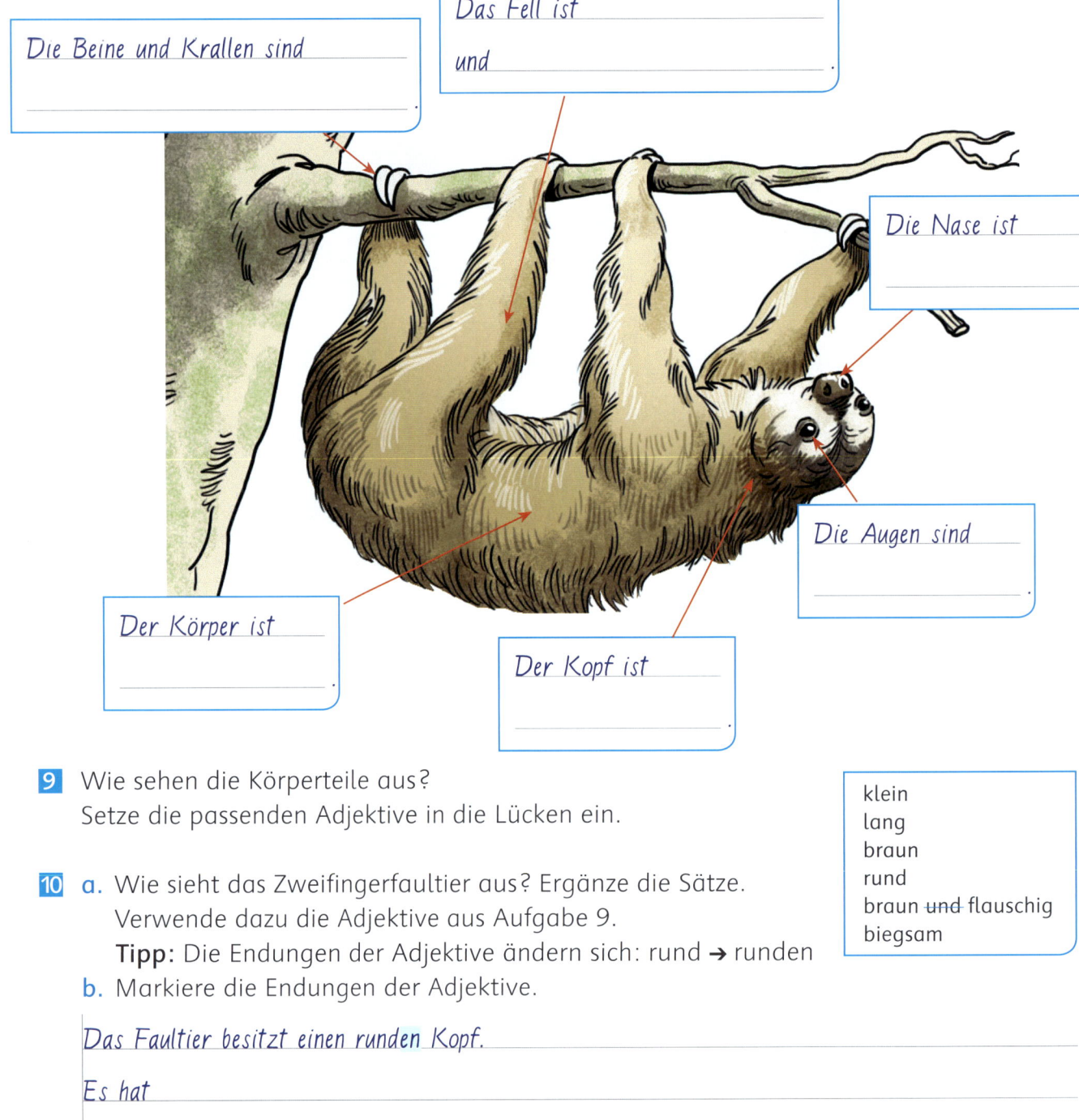

Das Fell ist _____
und _____ .

Die Beine und Krallen sind _____
_____ .

Die Nase ist _____
_____ .

Die Augen sind _____
_____ .

Der Körper ist _____
_____ .

Der Kopf ist _____
_____ .

9 Wie sehen die Körperteile aus?
Setze die passenden Adjektive in die Lücken ein.

10 **a.** Wie sieht das Zweifingerfaultier aus? Ergänze die Sätze.
Verwende dazu die Adjektive aus Aufgabe 9.
Tipp: Die Endungen der Adjektive ändern sich: rund → runden
b. Markiere die Endungen der Adjektive.

klein
lang
braun
rund
braun ~~und~~ flauschig
biegsam

Das Faultier besitzt einen runden Kopf. _____

Es hat _____

Der Baumbewohner besitzt _____

Das Wildtier hat _____

Der Vierbeiner besitzt _____

Das Tier hat _____

11 Schreibe die Sätze aus Aufgabe 10 in dein Heft.

→ Das kann ich! Seite 93

Ein Tier mit Adjektiven beschreiben

Sams Katze ist weg.
Er beschreibt die Katze in einer Suchanzeige.

1   Lies die Suchanzeige.

> Ich suche meine Katze Mixi.
> Sie hat ein karirtes Fell und blaue Pfoten.
> Mixi hat flauschige Augen und trägt
> ein graues Halsband.
> Wer meine riesengroße Katze findet,
> bekommt eine niedliche Belohnung.
> (Sam, Tel.: 6875)

2   Was ist denn das für eine Katze?
     a. Markiere die Adjektive in der Suchanzeige.
     b. Male die Katze genau so an, wie sie beschrieben ist.

Natürlich sieht Sams Katze ganz anders aus!

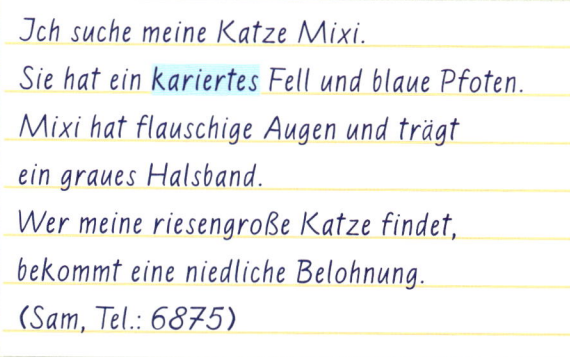

_____ Augen

ein _____ Fell

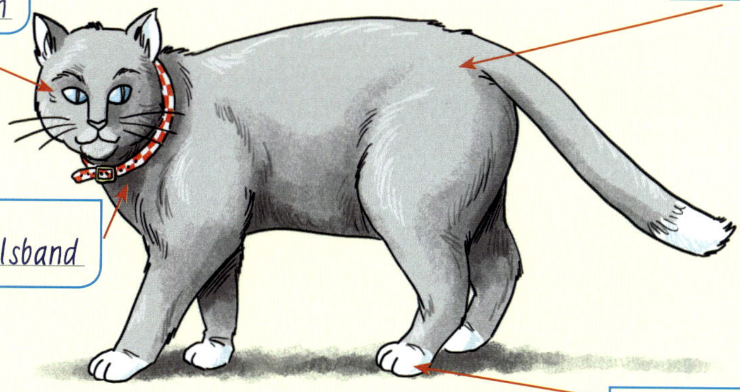

ein _____ Halsband

_____ Pfoten

3   Wie sieht die Katze wirklich aus?
     Schreibe die passenden Adjektive an das Bild.

4   Schreibe die Suchanzeige richtig auf.

Ich suche _____

Sie hat _____

_____

Wer meine _____ findet, bekommt _____ Belohnung!

(Sam, _____

Mit Bitten höflich auffordern

Wenn du Schnupfen hast, musst du manchmal um ein Taschentuch bitten.

Die kleine Asli hat schon seit zwei Tagen Schnupfen. Die Mutter sagt zu Orkan: „Bring Asli bitte ein neues Taschentuch!" Orkan geht und will seiner kleinen Schwester ein Taschentuch holen. Aber die Packung ist leer. Was soll Orkan tun? Die Oma meint: „Sei so lieb und bring Asli erst einmal eine Serviette!" Orkan macht das. Später sagt die Oma: „Orkan, vergiss bitte nicht, deiner Mutter zu sagen, dass wir neue Taschentücher brauchen."

1 Worum bittet die Mutter Orkan?
 a. Unterstreiche im Text die Bitte der Mutter.
 b. Schreibe die Bitte auf.
 c. Markiere das Verb im Imperativ.

2 Auch die Oma bittet um etwas.
 a. Unterstreiche im Text die zwei Sätze mit den Bitten der Oma.
 b. Schreibe die Bitten der Oma auf.
 c. Markiere die drei Verben im Imperativ.

Viele wünschen sich eine Brieffreundschaft.

Sag — den Brief bitte zu einem Freund.

Vergiss bitte nicht, ihm bitte, dass ich einen Brieffreund suche.

Sei so lieb, bring zu erzählen, dass ich Briefe toll finde.

3 Welche Teile der Sätze gehören zusammen?
 a. Verbinde die passenden Teile der Sätze mit Linien.
 b. Schreibe die Sätze in dein Heft.

Briefe schreiben

Ein Brieffreund für die Maus

Die Maus wünscht sich einen Brieffreund.
Sie hat gerade ihren ersten Brief geschrieben
und will ihn jetzt abschicken.

📖 Briefe   Josef Guggenmos

Als der Vogel Strauß drauß' lief,
die Maus aus ihrem Haus raus rief:

„Sei so lieb,
bring den Brief,
5 den ich schrieb,
irgendwem,
der dir gefällt,
irgendwo
auf der Welt.

10 Doch vergiss nicht,
sag dem Wesen:
Ich mag auch gern Briefe lesen!

Sag ihm ja,
dass es mir
15 ganz schnell schreiben soll!
Briefe kriegen
find ich toll."

1

2

3

Die Maus bittet den Strauß um etwas.

1 Markiere im Gedicht die drei Bitten der Maus.

Starthilfe
Sei so lieb,
bring …

2 Wie verstehst du die Bitten der Maus?
   a. Kreuze die drei passenden Sätze an.
   b. Schreibe die Sätze in die Sprechblasen neben dem Gedicht.

   ☐ Bring den Brief irgendwem!

   ☐ Gib den Brief üinem netten Nachbarn!

   ☐ Vergiss nicht: Ich will keine Briefe haben!

   ☐ Sag, ich mag auch gerne Briefe lesen!

   ☐ Ich brauche keine Antwort!

   ☐ Jemand soll mir ganz schnell schreiben.

Der Brief der Maus

Wie sieht der Brief der Maus aus?
Jeder Brief hat einen festgelegten Aufbau.

Der Aufbau eines Briefes:

1	der Ort, das Datum
☐	die Anrede
☐	der Text
☐	der Gruß
☐	die Unterschrift

1 Sieh dir an, wie ein Brief aufgebaut ist.
Nummeriere die Teile eines Briefes von 1 bis 5.

2 Die Teile des Maus-Briefes sind noch ungeordnet.
  a. Lies die einzelnen Teile des Maus-Briefes.
  b. Wie heißen die einzelnen Teile des Briefes?
  Schreibe es jeweils darüber.
  c. Ordne die Teile des Maus-Briefes.
  Schreibe die Nummern von 1 bis 5 neben die Teile.

der Gruß

4 Viele liebe Grüße

☐ Deine

Mausa Pfiff

☐ Straußdorf, 30. Juni

☐ Hallo du!

☐ Ich möchte mich kurz vorstellen.
Mein Name ist Mausa Pfiff. Ich bin ein Jahr alt.
Meine Haare sind kurz und grau. Ich trage gern gelbe T-Shirts.
Meine Hobbys sind Wettrennen und lautes Pfeifen.
Willst du mir schreiben? Hier ist meine Adresse:
Mausa Pfiff, Mausweg 81, 00378 Straußdorf.

3 Schreibe nun den Brief der Maus in dein Heft.
Achte auf die richtige Reihenfolge der Teile des Briefes.

Ein eigener Brief

Du machst Mausa Pfiff eine Freude und schreibst ihr einen Brief.

1 Beginne deinen Brief mit dem **Ort** und dem **Datum**.
Schreibe deinen Ort und das Datum von heute auf.

Friedberg, 10. Mai 2012

2 Schreibe eine **Anrede** auf.
- Du kannst eine Anrede vom Rand wählen.
- Du kannst dir auch selbst eine Anrede ausdenken.

> Hallo, Mausa!
> Liebe Mausa!
> Liebe kleine Mausa!
> …

Nun kannst du deinen Text an Mausa Pfiff schreiben.

3 Erzähle der Maus etwas von dir.
   a. Lies den folgenden Lückentext.
   b. Was möchtest du von dir erzählen?
      Schreibe es in die Lücken.
   c. In welcher Reihenfolge möchtest du erzählen? Nummeriere die Sätze.

☐ Ich bin _____ und trage gern _____ T-Shirts.
      groß/klein/mittelgroß   schwarze/grüne/gelbe/rote/weiße/lila

☐ Ich habe heute deinen Brief bekommen und will dir gerne sofort antworten.

☐ Mein Name ist _____.

☐ Ich habe _____ Haare.
      lange/kurze/blonde/braune/schwarze/rote

☐ Willst du meine Brieffreundin werden?

☐ Meine Hobbys sind _____.

4 Jetzt bist du schon beim **Gruß** angekommen.
Wähle einen Gruß vom Rand und schreibe ihn auf.

> Bis bald!
> Viele Grüße!
> Liebe Grüße!
> Tschüs!

5 Zum Schluss unterschreibst du mit deinem Namen.
Schreibe deine **Unterschrift** hier auf.
Tipp: Übe deine Unterschrift einige Male auf einem extra Blatt.

6 Schreibe deinen Brief sauber auf ein schönes Blatt Papier ab.

Der Briefumschlag

Dein Brief an Mausa Pfiff braucht noch einen Briefumschlag.
Auf dem Umschlag stehen dein Absender und
die Adresse des Empfängers.

1 a. Lies, was auf einem Briefumschlag stehen muss.
   b. Markiere alle Angaben zum **Empfänger** in einer Farbe.
   c. Markiere alle Angaben zum **Absender**
      in einer anderen Farbe.

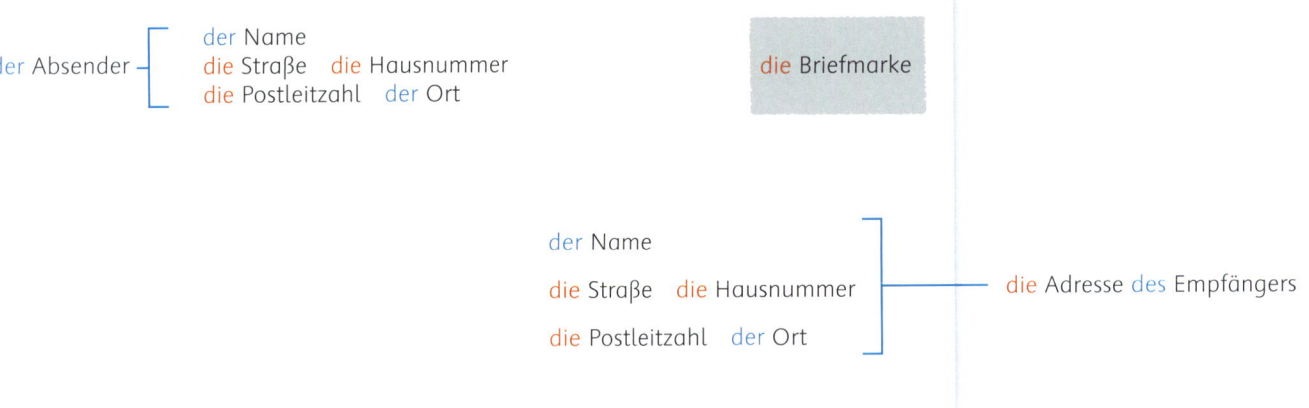

2 Die Adresse von Mausa Pfiff ist auf dieser Seite versteckt.
   a. Finde die Adresse. Markiere sie so wie in Aufgabe 1.
   b. Schreibe die Adresse von Mausa Pfiff auf den leeren Briefumschlag.
      Schreibe in deiner schönsten Schrift.
      Tipp: Du kannst dir auch einen echten Briefumschlag besorgen.

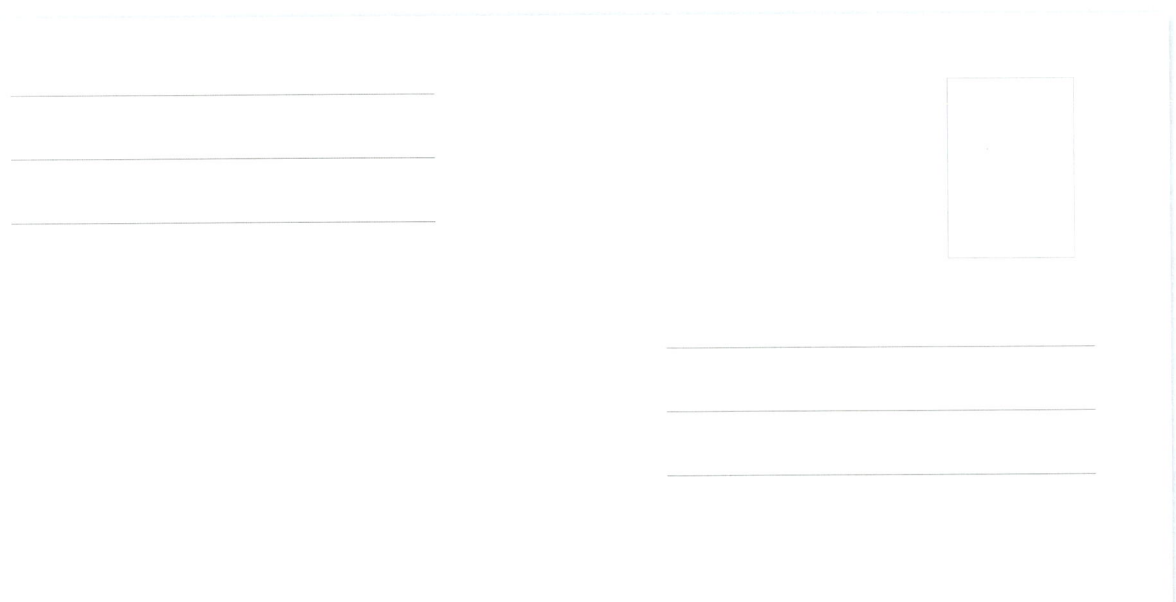

3 a. Schreibe nun deinen Absender in schöner Schrift dazu.
   b. Male eine wunderschöne Briefmarke.

34

➜ Das kann ich! Seite 94

Personalpronomen

Mausa hat einen Brieffreund gefunden: den Hund Carlo.

Schreib mir!
Ich warte auf
einen Brief von dir!

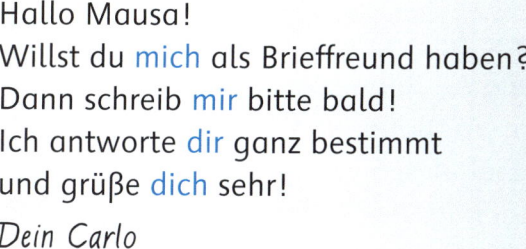

Hallo Mausa!
Willst du mich als Brieffreund haben?
Dann schreib mir bitte bald!
Ich antworte dir ganz bestimmt
und grüße dich sehr!

Dein Carlo

1 Im Brief von Carlo sind einige Wörter hervorgehoben.
Das sind **Personalpronomen**.
  a. Welche Personalpronomen reimen sich?
     Markiere sie in der gleichen Farbe.
  b. Schreibe die Personalpronomen, die sich reimen, zusammen auf.

_____ reimt sich auf_____ , _____ reimt sich auf _____ .

2 Schreibe Carlos Brief ab.

_____

_____

_____

_____

_____

_____

3 Schreibe **mir/dir** und **mich/dich** in die richtigen Lücken.

Ich schreibe dir – du schreibst _____ .

Du antwortest mir – ich antworte _____ .

Ich mag dich – magst du _____ ?

Schreibst du mir – so schreibe ich _____ !

Du grüßt mich – ich grüße _____ .

Ich kenne dich – du kennst _____ .

Verben im Präteritum

So beginnt ein „Märchen aus Tausendundeiner Nacht".

Ali Baba und die vierzig Räuber

In früherer Zeit lebten zwei Brüder mit Namen Kasim und Ali Baba. Kasim war reich, Ali Baba aber arm. Ali Baba ging jeden Tag mit seinem Esel in den Wald und schlug Holz,
5 das er dann in der Stadt verkaufte. Eines Tages sah er viele Reiter vor einer Höhle. Aus Furcht kletterte er auf einen Baum. Von dort beobachtete er vierzig Räuber. Jeder hatte eine Kiste bei sich. Die vierzig Räuber stiegen
10 von ihren Pferden. Ihr Anführer sprach: „Sesam, öffne dich!" Sofort öffnete sich eine Tür zu einer Höhle. Die Räuber gingen hinein und die Tür schloss sich.
Kurze Zeit später verließen die Räuber die Höhle.
15 Ihr Anführer sprach: „Sesam, schließe dich!", und die Tür schloss sich. Die vierzig Räuber ritten fort. Ali Baba kletterte vom Baum und …

1 Im Märchen sind einige Verbformen hervorgehoben.
Sie stehen im Präteritum.
Schreibe die Verbformen ab und schreibe
die passenden Infinitive daneben.

war – sein,

> **Infinitive:**
> gehen
> reiten
> schlagen
> schließen
> sehen
> ~~sein~~
> sprechen
> steigen
> verlassen

2 Tim hat ein eigenes Märchenende geschrieben.
a. Lies das Märchenende.
b. Markiere alle Verbformen im Präteritum.

Ali Baba kletterte vom Baum und ging zu dieser seltsamen Tür.
Er sagte: „Sesam, öffne dich!" Ali Baba betrat das Innere der Höhle
und sah, dass diese voller Schätze war. In goldenen Schüsseln
befanden sich Diamanten, Perlen und Rubine. Ali Baba lud
sehr viel Gold in die Tragetaschen seines Esels. Als er hinausging,
vergaß er nicht zu sagen: „Sesam, schließe dich!"
Von diesem Tag an war er reich. Er lebte glücklich und zufrieden.

Märchen lesen und erzählen

Ein Märchen lesen und weiterschreiben

In diesem Märchen müssen drei Königssöhne drei Aufgaben erfüllen.

📖 Die Bienenkönigin

1 Es waren einmal zwei Königssöhne, die auf Wanderschaft gingen.
Der dritte Königssohn, der jüngste, blieb im Schloss. Er wurde Dummling
genannt. Es verging eine lange Zeit, aber die zwei Königssöhne kamen
nicht nach Hause zurück. Da machte sich Dummling auf die Suche
5 nach seinen Brüdern und fand sie endlich auch.

2 Sie zogen alle drei miteinander fort und kamen an einen Ameisenhaufen.
Die zwei Ältesten wollten ihn aufwühlen, aber Dummling sagte: „Lasst
die Tiere in Frieden, ich leid's nicht[1], dass ihr sie stört." Dann kamen sie
an einen See mit Enten. Die zwei Brüder wollten die Enten fangen, aber
10 Dummling sprach wieder: „Lasst die Tiere in Frieden, ich leid's nicht,
dass ihr sie tötet." Schließlich kamen sie an ein Bienennest voller Honig.
Die zwei wollten Feuer unter dem Baum legen. Dummling aber sprach:
„Lasst die Tiere in Frieden, ich leid´s nicht, dass ihr sie verbrennt."

3 Am Abend kamen die drei Brüder an ein Schloss. In den Ställen standen
15 steinerne Pferde, kein Mensch war zu sehen. Sie fanden eine Tür mit drei
Schlössern. Dort saß ein graues Männlein. Sie riefen es einmal, zweimal,
dreimal. Dann stand es auf und kam zu ihnen. Stumm führte das Männlein
die drei zu einem reich gedeckten Tisch. Als sie gegessen hatten, brachte
es die Brüder in ihre Schlafgemächer.

20 **4** Am anderen Morgen führte das graue Männlein die Königssöhne
zu einer steinernen Tafel. Darauf stand: „Wollt ihr das Schloss erlösen, so
müsst ihr drei Aufgaben erfüllen. Zuerst sammelt im Wald die 1000 Perlen
der Königstochter ein. Doch wem vor Sonnenuntergang noch eine einzige
fehlt, der wird zu Stein." Der Älteste machte sich sofort ans Werk.
25 Doch am Abend hatte er nur hundert Perlen gesammelt und wurde

zu Stein. Der Zweite fand am folgenden Tag nur
zweihundert Perlen und wurde auch zu Stein.
Nun kam Dummling an die Reihe. Es war aber
so schwer, die Perlen zu finden. Da setzte er sich
30 auf einen Stein und weinte. Und wie er so saß,
kam der Ameisenkönig, dem er einmal das
Leben gerettet hatte, mit fünftausend Ameisen.
Die Ameisen fanden bis zum Abend alle 1000
Perlen und legten sie auf einen Haufen.
35 **5** Nun musste Dummling die zweite Aufgabe
lösen: Auf dem Grunde des Sees lag der
Schlüssel zur Schlafkammer der Königstochter …

[1] ich leid's nicht: ich kann es nicht ertragen

In dem Märchen „Die Bienenkönigin" kannst du Merkmale von Märchen finden.

1 Lies die Tabelle mit den Merkmalen von Märchen.

Merkmale von Märchen	„Die Bienenkönigin"
der Märchenanfang	
besondere Figuren und besondere Orte	
Sprüche	*„Lasst die Tiere in*
schwierige Aufgaben, die gelöst werden müssen	
besondere Zahlen	
Helfer	

2 Welche Merkmale von Märchen findest du im Märchen „Die Bienenkönigin"?
   a. Markiere die passenden Textstellen auf Seite 37.
   b. Schreibe zu jedem Merkmal passende Wörter oder Sätze in die Tabelle.

3 Erzähle das Märchen weiter.
Beantworte dazu die Fragen.

Wer half Dummling, den Schlüssel im See zu finden?

Was war die dritte Aufgabe? Wer half?

Dummling erfüllte alle drei Aufgaben. Welche Belohnung bekam er?

Wie endet dein Märchen? Schreibe einen Schlusssatz auf.

→ Das kann ich! Merkmale von Märchen erkennen: Seite 95

Ein eigenes Märchen planen und schreiben

Nun kannst du dir ein eigenes Märchen ausdenken.

1 Plane dein Märchen Schritt für Schritt.
Schreibe Stichworte auf.
- Du findest hier Vorschläge.
- Du kannst auch eigene Ideen aufschreiben.

Über wen möchtest du erzählen?
Entscheide dich für einen Märchenhelden oder eine Märchenheldin.

Was könnte in der Märchenwelt passieren?

- Ein gefährlicher Drache bedroht eine Stadt.
- Eine Hexe verhext einen Prinzen.
  …

Märchen können an einem besonderen oder geheimnisvollen Ort spielen.
Wo spielt dein Märchen?

- in einer dunklen Höhle
- in einem geheimnisvollen Palast
- in einem gefährlichen Zauberwald
  …

Welche schwierigen Aufgaben soll dein Märchenheld lösen?

Der Held/Die Heldin soll
- die Hexe überlisten
- einen Drachen besiegen
- drei goldene Ringe finden
  …

💡 Welche Märchenfiguren helfen deinem Märchenhelden?

_____

_____

_____

_____

💡 Welche gefährlichen Gegner bedrohen deinen Märchenhelden?

_____

_____

💡 Welche besonderen Gegenstände helfen deinem
   Märchenhelden?

_____

_____

💡 Welche besonderen Zahlen kommen in deinem Märchen vor?

_____

_____

1000

37

💡 Märchen haben ein glückliches Ende.
   Das Gute siegt, das Böse wird bestraft.
   Wie soll dein Märchenheld belohnt werden?

- Ein Kind bekommt
  Gold.
- Ein armer Bauer
  heiratet eine
  schöne Prinzessin.
  ...

_____

_____

_____

_____

_____

Nun kannst du dein Märchen aufschreiben.

2 Schreibe das Märchen in dein Heft.
- Verwende deine Stichworte von den Seiten 39 und 40.
- Erzähle dein Märchen anschaulich und lebendig.
  Verwende märchenhafte Besonderheiten und Merkmale.
- Märchen spielen in der Vergangenheit. Erzähle im Präteritum.

So kannst du vorgehen:

Beginne mit einem märchenhaften Anfang.

> Es war einmal …

Schreibe auf, wie dein Märchenheld lebte und wodurch er in Schwierigkeiten geriet.

> Er/Sie lebte in …
> Eines Tages geschah etwas Unerwartetes …

Schreibe auf, an welchen geheimnisvollen Ort dein Märchenheld gelangt.

> Nachdem er/sie lange Zeit gewandert war, erblickte er/sie…

Erzähle nun nacheinander, welche Aufgaben deine Figur lösen muss.

> Die erste Aufgabe war noch nicht so schwer. Er/Sie musste …

Das Gute siegt, das Böse wird bestraft. Schreibe einen märchenhaften Schluss.

> Und wenn sie nicht gestorben sind, dann …

Schreibe eine märchenhafte Überschrift auf.

3 Überprüfe dein Märchen mit Hilfe der Checkliste.
- Welche Merkmale von Märchen kommen in deinem Märchen vor?
- Ergänze vielleicht dein Märchen.

Checkliste: Merkmale von Märchen	ja	nein
besonderer Märchenanfang	☐	☐
ein Märchenheld, der schwierige Aufgaben lösen muss	☐	☐
Märchenwesen, die ihm helfen	☐	☐
ein besonderer oder geheimnisvoller Ort	☐	☐
gefährliche Gegner	☐	☐
besondere Gegenstände	☐	☐
magische Zahlen	☐	☐
Zaubersprüche	☐	☐

4 Überarbeite dein Märchen:
- Hast du das Präteritum verwendet?
- Hast du treffende Adjektive und Verben verwendet?
- Hast du unterschiedliche Satzanfänge verwendet?
- Hast du alles richtig geschrieben?

Ein Märchen überarbeiten

Ipek hat ein Märchen geschrieben.

📖 **Der kleine Ziegenreiter**

Es war einmal eine alte Hexe, die ~~wohnt~~ *wohnte*_____ auf einem Berg,

an dem die Leute nicht vorübergehen konnten. Denn wer

auf den Berg hinaufblickt _____, den zaubert _____

die Hexe in einen großen Sack hinein, in dem er kläglich zugrunde

5 geht _____. Zu der Zeit lebt _____ in einem Dorf

ein kleiner Knabe. Der sagte: „Ich will zu dem Berg der alten Hexe

gehen und nicht nach oben sehen, wenn sie mich auch ruft."

Er sattelt _____ sich eine Ziege statt eines Pferdes und

macht _____ sich auf den Weg. Als er zu dem Berg

10 kommt _____, ruft _____ die Hexe: „Kleiner Ziegenreiter,

kleiner Ziegenreiter, komm doch herauf zu mir!" Er aber blickt

_____ nicht hoch. „Sieh doch hierher, kleine Ziegenreiter!",

ruft _____ die Hexe abermals. Der Knabe jedoch tut _____ es

nicht, sondern sagt _____: „Blick doch du hierher nach unten!"

15 Unbedacht tut _____ dies die Hexe und stürzt _____

plötzlich herunter, ganz tief in die Erde hinein, sodass nur

das eine Bein herausguckt _____. Daran bindet

_____ der Knabe ein Lasso, dessen anderes Ende er

am Sattelgurt befestigt _____. Dann steigt _____

20 er auf sein Reittier und reitet _____, bis er die Hexe

ganz aus dem Boden herausgezogen hatte. Nun sieht _____ er

erst, dass sie einen Kopf aus Eisen hatte.

In Märchen stehen die Verben im Präteritum.
Daran hat Ipek in ihrem Märchen nicht gedacht.

1 **a.** Streiche die Verbformen im Präsens durch.
b. Schreibe die richtigen Verbformen im Präteritum dahinter.

Präteritum:
band
befestigte
blickte
ging
herausguckte
hinaufblickte
kam
lebte
machte
rief
rief
ritt
sagte
sah
sattelte
stieg
stürzte
tat
tat
wohnte
~~zauberte~~

→ Das kann ich! Einen Text überarbeiten: Seite 92

Mit Adjektiven kannst du etwas genauer beschreiben.

Der Ziegenreiter Die Hexe Der König	trägt hat hält	eine	**dicke** **braune** **goldene**	Krone. Nase. Ziege.
		ein	**rotes** **blaues** **silbernes** **braunes**	Schwert. Kopftuch. Gewand. Lasso.
		einen	**eisernen** **grauen**	Sattelgurt. Kopf.

2 Wie sehen Ipeks Märchenfiguren aus?
Beschreibe die Märchenfiguren mit Hilfe der Vorschläge.

Der Ziegenreiter hat eine _____ .

Der Ziegenreiter _____ .

_____ .

Die Hexe _____ .

Die Hexe _____ .

_____ .

Der König _____ .

Der König _____ .

_____ .

3 Male nun die Märchenfiguren aus.

Konzentrationsübungen

Konzentrationsübungen helfen dir, richtig zu schreiben.

1 Wie kannst du deine Augen auf Buchstaben oder Wörter konzentrieren?
Das übst du hier.
   a. Schließe deine Augen und atme ruhig ein und aus.
   b. Sieh dir das Bild an. Konzentriere dich auf die Wörter mit **ie**.
   c. Markiere die Wörter mit **ie** mit einer Farbe.
   d. Male die Felder mit **ie** in der Farbe aus.

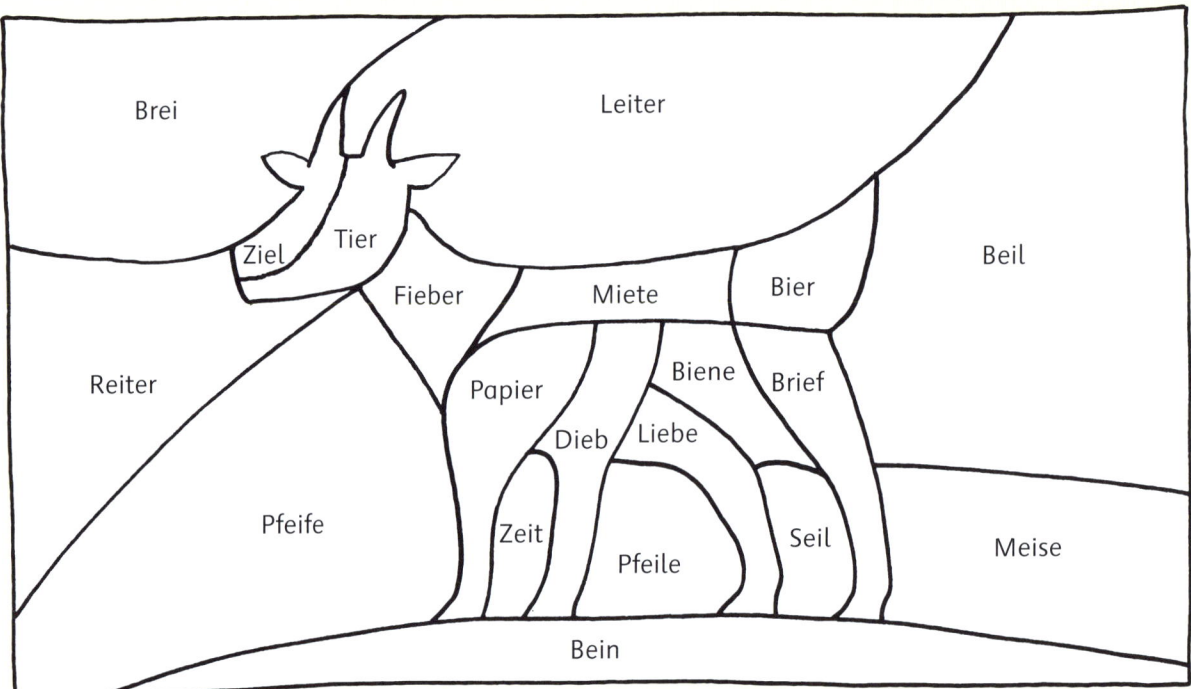

2 Was erkennst du in den ausgemalten Feldern?
Schreibe die Antwort in einem vollständigen Satz auf.

Wenn hinter sieben Fliegen sieben Fliegen fliegen, fliegen sieben Fliegen sieben Fliegen hinterher.

3 In diesem Zungenbrecher fehlen einige **i**-Punkte.
   a. Sieh genau hin.
   b. Ergänze die **i**-Punkte mit einem spitzen roten Stift.

4 Wie viele **i**-Punkte hast du ergänzt? _____

Z 5 Sag den Zungenbrecher auswendig auf.

**Deine Schrift soll gut lesbar sein. Dazu musst du dich
auf das Schreiben und auf deine Hand konzentrieren.**

6   Der Ritter in dem Bild möchte zu seinem Schwert gehen.

   a. Nimm einen Bleistift in die Hand und konzentriere dich auf deine Hand.

   b. Zeichne den richtigen Weg in das Bild, ohne eine Linie zu berühren.

     Tipp: Wenn du eine Uhr mit Sekundenanzeige hast,
            kannst du deine Zeit stoppen.
            Zähle am Ende für jede Berührung einer Linie eine Sekunde dazu.

7   Wie oft hast du eine Linie berührt? _____

   Wie viele Sekunden hast du gebraucht? _____
   Schreibe es auf.

8   Radiere deine Linie aus und versuche es noch einmal.

9   Verziere den Griff und die Klinge des Schwertes mit farbigen Stiften.

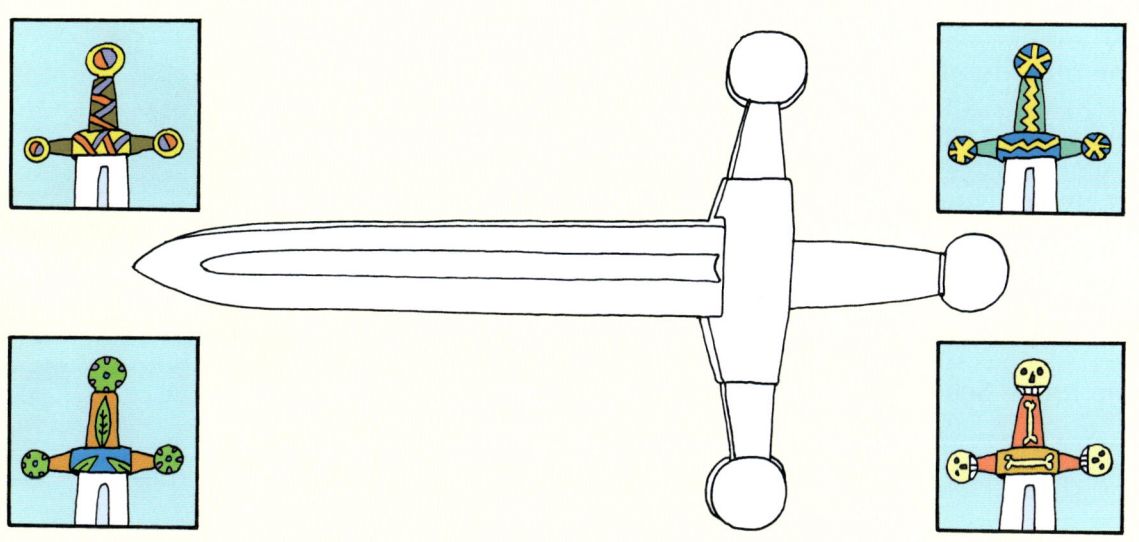

Nomen großschreiben

In vielen Märchen kommen Personen, oft auch Tiere und manchmal geheimnisvolle Gegenstände vor.

Der Schatz

Der Himmel war grau und bedeckt. Es war kalt und der Schnee lag sehr hoch. Ein armer Junge musste hinausgehen und Brennholz suchen. Er öffnete die Tür. Der Wald war verschneit. Ein scheues Reh und ein kleiner Hase schauten zu, wie er das Holz suchte. Als der Junge genug gefunden hatte, wollte er sich ein bisschen wärmen und ein Feuer machen. Der Schnee musste weggeschaufelt werden. Aber was war das?

1 Welche Person kommt in dem Märchen vor? Welche Tiere? Welche Dinge?
   a. Markiere im Text alle Nomen und ihre Artikel.
      Tipps: • Dreimal steht ein Adjektiv zwischen dem Artikel und dem Nomen.
         • **Das** Brennholz hat hier keinen Artikel.
   b. Schreibe die Nomen mit den Artikeln auf.

der/ein   die/eine   das/ein

Unter dem Schnee liegen vielleicht Gegenstände oder auch Lebewesen.

2 **a.** Verbinde die Artikel mit den Nomen.
   b. Schreibe nur die Nomen mit Artikel daneben.

eine schöne Kette – *eine Kette*

eine alte Flasche – _____

eine schmutzige Decke – _____

ein spitzer Nagel – _____

ein kleiner Zwerg – _____

ein dicker Käfer – _____

eine lange Schlange – _____

Ein Zauberer hat den zweiten Teil des Märchens verzaubert!
Alle Wörter sind in Großbuchstaben geschrieben.

DORT LAGEN EIN SCHLÜSSEL UND EINE KISTE.

Dort lagen ein Schlüssel

DIE KISTE WAR KLEIN. SIE HATTE EIN SCHLOSS.

DER SCHLÜSSEL PASSTE IN DAS SCHLOSS. DER JUNGE ÖFFNETE

DIE KISTE UND EIN KLEINES FEUER KAM HERAUS.

DANEBEN LAG EIN ROTER ZETTEL. AUF IHM STAND,

WIE MAN DAS FEUER ANMACHEN UND AUSMACHEN KONNTE.

DER JUNGE NAHM DIE KISTE MIT IN DAS HAUS.

ER BRAUCHTE NIEMALS MEHR DAS FEUERHOLZ SUCHEN.

3 a. Finde alle Nomen und markiere sie.
b. Schreibe den Text in richtiger Groß- und Kleinschreibung auf die Linien.
Schreibe die Nomen und die Satzanfänge groß.

Und so endet das Märchen vom geheimnisvollen Schatz.

So lebte DER _der_ Junge glücklich in seinem HAUS _____ . Eines Tages traf ER _____

ein JUNGES MÄDCHEN _____ _____ . Der glückliche JUNGE

_____ erzählte IHR _____ von der SELTSAMEN KISTE

_____ und dem FEUER _____ . Das Mädchen wollte

ihm NICHT _____ glauben. SIE _____ gingen zusammen zur HÜTTE _____ .

Das Mädchen war begeistert und blieb BEI _____ dem Jungen.

4 a. Prüfe jedes Wort in Großbuchstaben: Ist es ein Nomen?
b. Schreibe alle Wörter in richtiger Groß- und Kleinschreibung auf.
c. Schreibe den Text richtig in dein Heft.

Die Trainingseinheiten

Wörter mit ie

Erste Liebe |

Luna liegt im Bett | und hat miese Laune. |
Sie ist in Tom verliebt | und weiß nicht, |
wie sie es | dem Jungen | sagen soll. |
Soll sie Tom anrufen? |
5 Das tut sie lieber nicht. | Luna telefoniert nicht gern. |
Soll sie Tom | einen Brief schreiben? |
Das findet Luna schwierig. | Trotzdem will sie es probieren. |
Sie holt Papier | und fängt an zu schreiben. |
Dies ist | Lunas erster Liebesbrief, |
10 aber am Ende | ist sie zufrieden. |

1 Warum telefoniert Luna nicht einfach mit Tom?
Schreibe den Satz ab.

2 Im Text findest du Wörter mit **ie**.
Markiere die Wörter mit **ie**.
Tipp: Das erste Wort ist schon markiert.

3 Die folgenden Wörter mit **ie** solltest du besonders üben.
  a. Lies die Wörter zweimal laut. Achte dabei auf den langen **i**-Laut.
  b. Markiere in jedem Wort das **ie**.
  c. Schreibe die Wörter zweimal ab.

die Liebe – verliebt, liegen – sie liegt, mies – miese Laune, wie, lieber,
telefonieren – sie telefoniert, der Brief – der Liebesbrief, schwierig,
probieren – sie probiert, das Papier, dies, zufrieden

4 Immer zwei der folgenden Wörter mit **ie** reimen sich.
   a. Verbinde die passenden Reimwörter mit einer Linie.
   b. Schreibe die Reimpaare darunter auf.

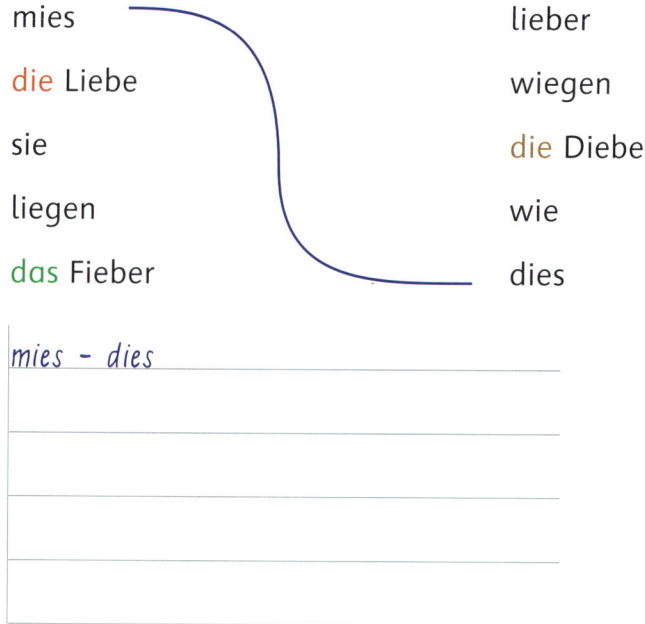

mies   lieber

die Liebe   wiegen

sie   die Diebe

liegen   wie

das Fieber   dies

mies – dies

_____

_____

_____

_____

5 Einige Wörter aus Aufgabe 4 passen in die folgenden Sätze.
Ergänze in jedem Satz das fehlende Wort.

Giovanna ist krank. Sie hat Schnupfen und _____.

Heute war ein doofer Tag. Meine Laune ist _____.

Jemand hat Emmas Fahrrad gestohlen. Nun sucht die Polizei die _____.

Äpfel esse ich nicht so gern. Ich mag Birnen _____.

Lea und Ali mögen sich sehr. Das ist keine Freundschaft, sondern _____.

Ich freue mich so auf den Urlaub. Da will ich baden und am Strand _____.

6 Schreibe den Trainingstext „Erste Liebe" in dein Heft.

➜ Tipps zum Abschreiben findest du auf der Umschlagseite ganz hinten in diesem Arbeitsheft.

7 Es gibt in dieser Einheit schwierige Wörter.
Wähle fünf Wörter aus, die du noch einmal üben möchtest.
Schreibe sie auf, zum Beispiel in deine Rechtschreibkartei.

Wörter mit ß

Neue Fußballfreunde |

Es ist heiß, | fast dreißig Grad. |
Jonas hat fleißig | für die Mathearbeit geübt. |
Nun möchte er | spielen gehen. | Auf der Straße |
hört er Kinder | Fußball spielen. |
Jonas geht nach draußen |
und begrüßt die Kinder: | „Hallo, |
ich heiße Jonas. | Darf ich mitspielen?" |
„Na klar!", | rufen die anderen. |
„Dann hast du Anstoß!" |

1 Welche Aussage stimmt? Kreuze sie an.

☐ Es ist sehr kalt draußen.

☐ Jonas hat noch nicht für die Mathearbeit geübt.

☐ Die Kinder draußen laufen um die Wette.

☐ Jonas fragt, ob er mitspielen darf.

2 Im Text findest du Wörter mit ß.
a. Markiere die Wörter mit ß.
b. Schreibe die Wörter mit ß ab.

> **Merkwissen**
>
> Der Vokal vor dem ß wird <u>lang</u> gesprochen: *die Straße*
> Nicht nur nach einem langen Vokal kann ß stehen, sondern auch nach einem Zwielaut (au, ei): *beißen*

Fußballfreunde, _____

_____

3 Hier steht der Text von oben noch einmal anders.
Ergänze in den Lücken passende Wörter aus Aufgabe 2.

Fußball in der Sommerhitze

Heute herrschen fast _____ Grad. Obwohl es so _____ ist,

hat Jonas _____ Mathe geübt. Nun hört er andere Kinder

auf der _____ . Jonas nimmt seinen _____ und geht

nach _____ . Dort _____ er die Kinder:

„Hi, ich _____ Jonas", sagt er.

4 Immer zwei Wörter mit ß reimen sich.
 a. Verbinde die Reimwörter mit einer Linie.
 b. Schreibe die Reimpaare unten auf die Linien.

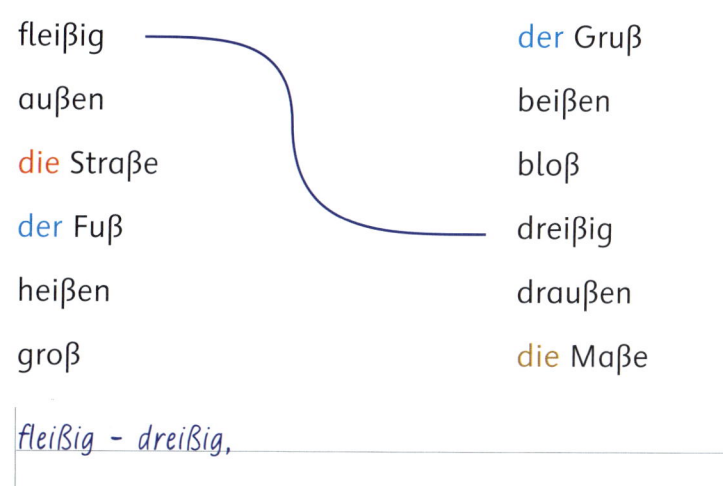

fleißig	der Gruß
außen	beißen
die Straße	bloß
der Fuß	dreißig
heißen	draußen
groß	die Maße

fleißig – dreißig, _____

der Fuß → die Füße: das ß bleibt

5 Du kannst die folgenden Nomen mit ß ordnen.
 a. Schreibe die Nomen im Singular untereinander auf.
 b. Schreibe neben jedes Nomen die passende Pluralform.
 c. Markiere jedes ß.

die Straße		die Grüße	die Sträuße
	die Soße		
die Soßen	der Gruß		der Strauß
		die Straßen	

_____
_____
_____
_____

6 Zu den folgenden Adjektiven gibt es immer ein Gegenteil.
 Ordne jedem Adjektiv das Gegenteil zu und schreibe es daneben.

klein – _____ faul – _____
schwarz – _____ sauer – _____

fleißig
groß
süß
weiß

7 Schreibe den Trainingstext „Neue Fußballfreunde" in dein Heft.
 Markiere jedes ß.

Kurze Vokale sprechen und hören

Kurze Vokale am Wortanfang

Woran erkennst du einen kurzen Vokal?
Das kannst du hier noch einmal üben.

Viele Wörter beginnen mit einem kurzen Vokal.
a̦lt, e̦ng, i̦ch, o̦ft, u̦nd

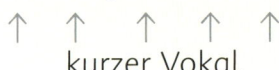
     kurzer Vokal

1 Lies die Wörter langsam und deutlich.
Sprich dabei immer den Vokal kurz.

Auch diese Wörter beginnen mit einem kurzen Vokal oder Umlaut.

a̦llein, die Ampel, die Äpfel, die Ecke, die Eltern, die Ente, der Essig, immer, innen,

die Insel, irren, offen, öffentlich, der Onkel, die Ulme, die Unke, unten, untersuchen

2 a. Lies die Wörter langsam und deutlich.
    b. Setze unter jeden kurzen Anfangsvokal einen Punkt.
    c. Markiere die folgenden beiden Buchstaben: Es sind Konsonanten (Mitlaute).

Kurzer Vokal oder Umlaut – zwei gleiche Konsonanten: das E̦ssen
Kurzer Vokal oder Umlaut – zwei verschiedene Konsonanten: das A̦lter

3 a. Lies noch einmal die Wörter von Aufgabe 2.
    b. In welchen Wörtern folgen zwei **gleiche** Konsonanten?
       Schreibe die Wörter auf.

4 In welchen Wörtern von Aufgabe 2 folgen zwei **verschiedene** Konsonanten?
   Schreibe die Wörter auf.

Kurze Vokale in der Mitte vom Wort

Ein kurzer Vokal kann auch in der Mitte eines Wortes stehen.
kalt, wenn, dick, toll, rund

5 Lies die Wörter langsam und deutlich vor.
Sprich den Vokal in der Mitte kurz.

kurzer Vokal + zwei gleiche Konsonanten: das Bett
kurzer Vokal + ck: der Blick
kurzer Vokal + tz: der Platz

der Biss, das Blatt, das Glück, die Katze, die Mutter, die Mütze, packen, rennen,

der Rock, plötzlich, der Sitz, der Wecker, die Welle, der Zucker, der Platz

6 Du kannst die Wörter ordnen.
    a. Lies jedes Wort langsam und deutlich vor.
    b. Setze unter jeden kurzen Vokal einen Punkt.
    c. Markiere die folgenden beiden Konsonanten.
    d. Schreibe die Wörter geordnet in die Tabelle.

ll, nn, ss, tt	ck	tz
der Biss		

Einzahl und Mehrzahl von Nomen mit kurzem Vokal:
der Ball – die Bälle, der Mann – die Männer, die Klasse – die Klassen, das Bett – die Betten,
die Decke – die Decken, der Satz – die Sätze

7 **a.** Schreibe die Beispiele ab.
    b. Setze unter jeden kurzen Vokal einen Punkt.
    c. Markiere ll, nn, ss, tt, ck, tz.

der Ball – die Bälle, der

Wörter mit ll, mm, nn, ss, tt

Am Badesee |

Die Sonne scheint. | Lea und Tomko | wollen mit Freunden | schwimmen gehen. | Sie fahren zum Badesee. | Bald können sie | in das kühle Wasser | rennen. | In der Mitte des Sees | gibt es | eine große Badeinsel. |
5 Dort klettern | die Kinder | immer hinauf. | Und dann | schubsen sie sich | wieder hinunter. | Plötzlich | passiert ein Unfall! | Zwei Kinder stoßen | mit den Köpfen zusammen | und versinken im Wasser. | Ein Kind | kommt schnell wieder | nach oben.
10 Der Bademeister | springt ins Wasser. | Er muss | das andere Kind | retten. | Zum Glück | hat es sich | nicht verletzt. | Es kann allein | ans Ufer schwimmen. |

1 Was passiert auf der Badeinsel?
Schreibe die Antwort ab.

2 Am Anfang des Textes sind Wörter mit **ll**, **mm**, **nn**, **ss**, **tt** hervorgehoben.
Markiere selbst alle weiteren Wörter mit **ll**, **mm**, **nn**, **ss**, **tt**.

3 a. Schreibe die markierten Wörter aus dem Text in die Tabelle.
Schreibe die Nomen mit Artikel (der, das, die) auf.
b. Lies jedes Wort in der Tabelle langsam und deutlich vor.
Setze dabei unter jeden kurzen Vokal einen Punkt.
c. Markiere **ll**, **mm**, **nn**, **ss**, **tt**.

> **Merkwissen**
> Nach einem **kurzen Vokal** (Selbstlaut) schreibst du meist **zwei Konsonanten** (Mitlaute):
> die Sonne, schwimmen.

ll	mm	nn	ss	tt
	schwimmen	die Sonne		

4 Ordne alle Wörter aus der Tabelle nach dem Alphabet.
Schreibe die Wörter geordnet in dein Heft.

Einzahl und Mehrzahl von Nomen: **ll**, **mm**, **nn**, **ss**, **tt** bleibt:
der Ball – **die** Bälle, **das** Lamm – **die** Lämmer,
die Kanne – **die** Kannen, **die** Tasse – **die** Tassen,
der Schritt – **die** Schritte

5 **a.** Schreibe die Beispiele ab.
　　b. Setze unter jeden kurzen Vokal einen Punkt.
　　c. Markiere **ll**, **mm**, **nn**, **ss**, **tt**.

der Ball – die Bälle, _____

_____

das Blatt, **die** Tonne, **das** Fell, **die** Stimmen, **das** Gewitter, **die** Blätter, **der** Keller,
die Tunnel, **die** Klasse, **die** Pässe, **die** Felle, **der** Pass, **die** Klassen, **die** Stimme,
die Keller, **die** Tonnen, **die** Gewitter, **der** Tunnel

6 Welche Wörter gehören zusammen?
Schreibe die Wörter wie in Aufgabe 5 auf.

das Blatt – die _____

_____

_____

_____

müssen: ich muss, du musst, er muss: **ss** bleibt

7 Setze das Verb **müssen** in der richtigen Form in die Lücken.

Der Bademeister _____ das eine Kind retten.
_{er}

Das andere Kind _____ seine Beule kühlen.
_{es}

Die Badegäste _____ sich von dem Schreck erholen.
_{sie}

Der Bademeister gibt Anweisungen: „Du _____ noch

ein Kühlkissen holen. Ihr Kinder _____ besser aufpassen.

Wir _____ das Schubsen auf der Badeinsel verbieten."

| ich muss |
| du musst |
| er/sie/es muss |
| wir müssen |
| ihr müsst |
| sie müssen |

8 Schreibe den Trainingstext „Am Badesee" in dein Heft.

➜ Tipps zum Abschreiben findest du auf der Umschlagseite ganz hinten in diesem Arbeitsheft.

9 Wähle fünf Wörter aus dieser Trainingseinheit aus,
die du noch einmal üben möchtest.
Schreibe sie auf, zum Beispiel in deine Rechtschreibkartei.

Wörter mit ck

Eine schreckliche Nacht |

Malte und Thore | sind glücklich. | Ihre Eltern |
verbringen mit ihnen | ein Wochenende |
in der Waldhütte. | Sie toben im Wald |
und verstecken sich | hinter dicken Bäumen. |
5 Am Abend | locken das Licht | und das Ofenfeuer |
die Mücken an. | Obwohl sie in der Nacht |
ganz unter den Bettdecken stecken, |
bekommen Malte und Thore Mückenstiche. |
Das war schrecklich! | Thore holt | die Fliegenklatsche |
10 und haut immer dorthin, | wo es im Dunkeln summt. |
Als die beiden Jungen | am nächsten Morgen |
aufwachen, | erblicken sie | an der Wand |
die erlegten Mücken | in Form eines Herzens. |

1 Was erblicken die beiden Jungen am nächsten Morgen an der Wand?
Schreibe die Antwort ab.

2 Am Anfang des Textes sind Wörter mit **ck** hervorgehoben.
    a. Markiere selbst alle weiteren Wörter mit **ck**.
    b. Lies die Wörter mit **ck** langsam und deutlich vor.
    c. Setze unter jeden kurzen Vokal einen Punkt.

3 Schreibe alle Wörter mit **ck** aus dem Text dreimal auf.

4 Ordne die Wörter mit **ck** aus Aufgabe 3 nach dem Alphabet.
Schreibe sie geordnet auf.

Verwandte Wörter mit ck

backen – der Bäcker – der Backofen: das ck bleibt

5 Immer drei der folgenden Wörter mit **ck**
gehören zu einer Wortfamilie.
  a. Verbinde die Wörter einer Wortfamilie mit einer Linie.
  b. Schreibe die Wörter einer Wortfamilie zusammen auf.

wecken	abdecken	verstecken
das Frühstück	die Steckdose	aufwecken
erschrecken	der Wecker	zudecken
die Decke	schrecklich	frühstücken
stecken	der Frühstückstisch	der Schreck

_wecken – der _____ – _____

_____

_____

_____

Die Wortfamilie Glück

das Glück ➜ glücklich, glücken, der Glücksbringer, das Glücksgefühl, der Glückspilz, der Glückwunsch, glücklicherweise

6 **a.** Schreibe die Wörter der Wortfamilie **Glück** ab.
  b. Was ist bei allen Wörtern gleich? Markiere.
  c. Wähle vier Wörter aus der Wortfamilie **Glück** aus.
    Schreibe mit jedem Wort einen Satz in dein Heft.

_____

_____

_____

7 Schreibe den Trainingstext „Eine schreckliche Nacht" in dein Heft.

8 Wähle fünf Wörter aus dieser Trainingseinheit aus.
Schreibe sie auf, zum Beispiel in deine Rechtschreibkartei.

Wörter mit tz

Das Ende vom Streit |

Lea macht | andauernd Witze | über Thorben. |
Sie verletzt ihn | mit Worten. |
In der Pause | wird Thorben | deshalb sehr wütend. |
Da sieht er | neben Lea | eine große Pfütze. |
5 Thorben nimmt Anlauf | und springt | mit einem Satz |
hinein. | Lea ist plötzlich | ganz nass und schmutzig. |
Die Pausenaufsicht | schimpft mit Thorben. |
Er fühlt sich | jetzt trotzdem besser. |
Damit die beiden | ihre Gemeinheiten | nicht fortsetzen, |
10 helfen ihnen | die Streitschlichter. |
Am Ende vertragen | sie sich wieder. |

1 Warum wird Thorben sehr wütend?
Schreibe die zwei Sätze ab.

2 Im Text findest du Wörter mit **tz**.
  a. Markiere die Wörter mit **tz**.
  b. Schreibe die Wörter mit **tz** ab.
  c. Setze unter den kurzen Vokal einen Punkt.

> **Merkwissen**
>
> Der Vokal vor dem **tz** wird kurz gesprochen: *die Ka̤tze, spi̤tz.*

3 Schreibe die Nomen mit **tz** noch einmal mit Artikel (der, das, die) auf.
Tipp: Du kannst ein Wörterbuch verwenden.

> Witz
> Pfütze
> Satz

sitzen: ich sitze, du sitzt, er/sie/es …, wir …, ihr …, sie …

4 Schreibe die Verben **sitzen**, **putzen**, **beschützen** in allen Personalformen auf.

Die Klasse 5 b bekommt eine neue Sitzordnung.

5 Schreibe die richtigen Personalformen von **sitzen** in die Lücken.
Die Aufgabe 4 hilft dir.

Die Kinder _____ in der Klasse 5 b an Gruppentischen.
_{sie}

Heute sollen alle die Plätze tauschen.

Die Lehrerin verteilt die Plätze neu.

Sie sagt: „Thorben _____ jetzt neben Serdar.
_{er}

Lea und Elisa, ihr _____ am Fenster.“

Timo sagt: „Serdar und ich, wir _____ aber immer zusammen.“

Serdar meint zu Timo: „Ich _____ neben Thorben und

du _____ mir gegenüber.“

6 Immer zwei der folgenden Wörter mit **tz** reimen sich.
  a. Verbinde die Reimwörter mit einer Linie.
  b. Schreibe sie zusammen auf.
    Tipp: Zu einem Wort gibt es drei Reimwörter.

sitzen   zuletzt   die Witze   der Platz   die Tatze
     die Spritze   spritzen   der Spatz   verletzen
die Katze   die Mütze   jetzt   fortsetzen
  schmutzig   besetzt   die Pfütze   verletzt
putzig

_____

_____

_____

_____

7 **a.** Schreibe den Trainingstext „Das Ende vom Streit“ in dein Heft.
  b. Markiere jedes **tz**.

8 Wähle fünf Wörter aus dieser Trainingseinheit aus,
die du noch einmal üben möchtest.
Schreibe sie auf, zum Beispiel in deine Rechtschreibkartei.

Adjektive mit -ig

Ein Wettessen |

Dieses Spiel ist | auf einer Party | sehr lustig. |
Am besten spielt ihr es, | wenn ihr hungrig seid. |
Ihr sitzt | um einen Tisch herum. |
Jeder hat einen Schokokuss | vor sich stehen. |
Nach einem Startzeichen | beginnen alle, |
hastig | Schokoküsse zu essen. | Die Hände müssen dabei |
ruhig auf dem Rücken bleiben. | Am Schluss |
werden viele von euch | ganz schön schmutzig sein! |

1 Warum ist es bei diesem Spiel so schwierig, Schokoküsse zu essen?
Schreibe den Satz ab.

2 Im Text findest du Adjektive mit **-ig**.
   a. Markiere die Adjektive.
   b. Schreibe die Adjektive ab. Markiere **-ig**.

**Aus Nomen kannst du Adjektive mit -ig bilden.
Adjektive schreibst du klein.**

3 Bilde zu jedem Nomen ein Adjektiv mit **-ig** und schreibe es auf.

der Wind	→	*windig*	das Gift	→	
der Schmutz	→		der Staub	→	
der Fleiß	→		der Mut	→	

4 Schreibe mit den Adjektiven Wortgruppen auf.

windig + der Tag	→	*der windige Tag*
schmutzig + die Hose	→	
mutig + das Mädchen	→	
giftig + der Apfel	→	

5 Schreibe den Trainingstext „Ein Wettessen" in dein Heft.

→ Das kann ich! Seite 98

Adjektive mit -lich

Monster in der Nacht |

Die letzte Nacht | war schrecklich für Aron. |
Um Mitternacht | stand ein Monster vor ihm. |
Es sah so ähnlich aus | wie ein Vampir. | Es war hässlich. |
Seine Zähne | blitzten gefährlich, | als es näher kam. |
Aron zuckte | ängstlich zusammen. | Dabei wachte er auf |
und merkte, | dass er | in seinem Bett lag. |
Aron atmete glücklich auf. | Alles war nur ein Traum! |

1 Warum war die letzte Nacht schrecklich für Aron?
Schreibe den Satz ab.

_____

2 Im Text findest du Adjektive mit **-lich**.
  a. Markiere die Adjektive mit **-lich**.
  b. Schreibe die Adjektive ab. Markiere **-lich**.

_____
_____

Aus Nomen kannst du Adjektive mit -lich bilden.
Adjektive schreibst du klein.

3 Bilde zu jedem Nomen ein Adjektiv mit **-lich** und schreibe es auf.

das Glück	→	_glücklich_____	die Schrift	→	_____
der Freund	→	_____	der Sport	→	_____
der Ärger	→	_____	das Fest	→	_____

4 Schreibe mit den Adjektiven Wortgruppen auf.

glücklich + ein Sieger → _____

freundlich + eine Frau → _____

schriftlich + eine Aufgabe → _____

sportlich + ein Junge → _____

5 Schreibe den Trainingstext „Monster in der Nacht" in dein Heft.

→ Das kann ich! Seite 98   **61**

Wörter mit ver-

Mein Traum |

Ich würde gern einmal | einen Tag mit Freunden |
auf einer Burg verbringen. | Zuerst würde ich mich |
als Burgfräulein verkleiden. | Dann würde ich mich |
irgendwo | vor den anderen verstecken. |
Bei der Suche | würden sich die anderen |
bestimmt in den vielen Räumen | verlaufen. |
Mein kleiner Bruder | würde mich |
aber bestimmt | verraten! |
Den lasse ich also | lieber zu Hause! |

1 Warum soll der kleine Bruder zu Hause bleiben?
Schreibe den Satz ab.

2 Im Text findest du Wörter mit **ver-**.
a. Markiere die Wörter mit **ver-**.
b. Schreibe die Wörter auf. Markiere **ver-**.

verbringen,

3 Hier steht der Text von oben noch einmal anders.
Ergänze in den Lücken passende Wörter aus Aufgabe 2.

Ein Tag auf der Burg

Am Samstag werden wir einen Tag auf der Burg _____ .

Zuerst möchte ich mich als Burgfräulein _____ .

Anschließend werde ich mich vor den anderen _____ .

Bei der Suche werden sich die anderen vielleicht _____ .

Mein kleiner Bruder wird mich hoffentlich nicht _____ .

4 Schreibe die Verben **verbringen** und **verraten**
in allen Personalformen auf (ich ..., du ..., er/sie/es ..., wir ..., ihr ..., sie ...).

ich verbringe, du

Mit der Vorsilbe **ver-** kannst du neue Verben bilden:
ver- + binden = verbinden

ver-	+	binden, fahren, kaufen, lassen, reisen, schieben, stehen, suchen, teilen

5 Bilde neue Verben mit **ver-**.
Schreibe die neuen Verben mit **ver-** auf.
Tipp: **ver-** wird immer gleich geschrieben.

verbinden, _____

_____

_____

6 Einige Verben aus Aufgabe 5 passen in die folgenden Sätze.
Ergänze in jedem Satz das fehlende Verb.

Du sprichst so leise. Ich kann dich nicht _____.

Die Aufgabe ist schwer. Ich will es trotzdem _____.

Endlich Ferien! Ich werde an die Nordsee _____.

Gleich ist Pause. Dann müssen wir den Klassenraum _____.

Ich habe mich am Fuß verletzt. Der Arzt musste ihn _____.

Diese CD mag ich nicht mehr hören. Ich will sie _____.

Ich habe Kekse für alle gebacken. Ich möchte sie in der Klasse _____.

Am Freitag hat niemand Zeit. Wir werden den Kinobesuch _____.

7 Wähle vier Wörter aus dieser Trainingseinheit aus,
die du noch einmal üben möchtest.
a. Schreibe die Wörter dreimal.
b. Sammle die Wörter in deiner Rechtschreibkartei.

_____

_____

_____

_____

8 Schreibe den Trainingstext „Mein Traum" in dein Heft.

➔ Tipps zum Abschreiben findest
du auf der Umschlagseite ganz
hinten in diesem Arbeitsheft.

➔ Das kann ich! Wörter mit ver-, vor-, ent-: Seite 96

Wörter mit vor-

Bühne frei für Lene! |

Lene will etwas | auf dem Schulfest | vorführen. |
Aber sie weiß nicht, was. |
Die Klasse soll Lene | etwas vorschlagen. |
Ida findet, | dass Lene | ein Lied vorsingen |
5 oder etwas vortanzen könnte. | Ben meint, |
dass sie auch | etwas Lustiges | vorspielen könnte. |
Tom schlägt vor, | dass Lene | ein Gedicht aufsagt. |
Lene hat Angst, | dass sie beim Aufsagen | nicht weiterweiß. |
Tom antwortet, | dass er Lene dann vorsagen wird. |
10 Lene ist einverstanden. |

1 Was schlagen Tom, Ida und Ben vor?
Verbinde den Satzanfang und den passenden Vorschlag mit einer Linie.

Tom sagt, Lene könnte   etwas Lustiges vorspielen.

Ida sagt, Lene könnte   ein Gedicht aufsagen.

Ben sagt, Lene könnte   ein Lied vorsingen oder etwas vortanzen.

2 Schreibe die drei Sätze richtig auf.

3 Im Text findest du Wörter mit **vor-**.
   a. Markiere die Wörter mit **vor-**.
   b. Schreibe die Wörter auf. Markiere **vor-**.

4 a. Wähle vier Wörter mit **vor-** aus.
   b. Schreibe mit jedem Wort einen eigenen Satz in dein Heft.
   c. Ergänze als Überschrift: *Wörter mit vor-*.

5 a. Schreibe den Trainingstext „Bühne frei für Lene!" in dein Heft.
   b. Markiere jedes **vor-**.

→ Tipps zum Abschreiben findest du auf der Umschlagseite ganz hinten in diesem Arbeitsheft.

Wörter mit ent-

Oh Schreck, | die Katze ist weg! |

Tinas Familie | entschließt sich, | eine kleine Katze |
zu kaufen. | Im Tierheim | entscheidet sich Tina |
für ein schwarzes Kätzchen. |
Zu Hause macht sich | die kleine Katze | gleich daran, |
5 alles zu entdecken. | Als Tina | gerade nicht aufpasst, |
kann die Katze | durch die offene Tür entkommen. |
Verzweifelt schreibt | Tina Plakate: |
Katze entlaufen! | Als sie die Plakate | aufhängen will, |
steht der Nachbar | mit der Katze | vor der Tür. |
10 Was für ein Glück! |

1 Welche Aussage zum Text stimmt? Kreuze sie an.

☐ Tina entscheidet sich für ein weißes Kätzchen.

☐ Die kleine Katze entkommt durch ein offenes Fenster.

☐ Auf den Plakaten steht: Katze gesucht!

☐ Der Nachbar bringt die Katze zurück.

2 Im Text findest du Wörter mit **ent-**.
a. Markiere die Wörter mit **ent-**.
b. Schreibe die Wörter auf. Markiere **ent-**.

_____

_____

Mit der Vorsilbe ent- kannst du neue Verben bilden:
ent- + nehmen = entnehmen

3 Bilde neue Verben mit **ent-**.
Schreibe die Verben auf.
Tipp: ent- wird immer gleich geschrieben.

		nehmen	_____
ent-	**+**	wickeln	_____
		wischen	_____

4 Schreibe den Trainingstext „Oh Schreck, die Katze ist weg!" in dein Heft.

→ Das kann ich! Wörter mit ver-, vor-, ent-: Seite 96

Zeichensetzung
Der Punkt oder das Fragezeichen am Satzende

Der Zirkus ist in der Stadt. Ein Reporter besucht den Zirkus.
Er führt ein Interview[1] mit der Schlangentänzerin Iwana.

Reporter:	Wo wohnen Sie, Frau Iwana?
Schlangentänzerin:	Dort hinten in dem roten Wohnwagen lebe ich _____
Reporter:	Was machen Sie in diesem großen Zirkus _____
Schlangentänzerin:	Ich tanze mit Schlangen _____
Reporter:	Wie lange arbeiten Sie schon hier _____
Schlangentänzerin:	Bei diesem Zirkus bin ich schon mein Leben lang _____ Mein Vater ist hier Zeltmeister und meine Mutter Köchin _____
Reporter:	Warum sind Sie Schlangentänzerin geworden _____
Schlangentänzerin:	Ich tanze gern und ich liebe Tiere _____
Reporter:	Wie oft wurden Sie schon von einer Schlange gebissen _____
Schlangentänzerin:	Mich hat noch nie eine Schlange gebissen _____ Es ist wichtig, dass man die Tiere achtet und respektiert _____
Reporter:	Die Zirkusvorstellungen sind nachmittags _____ Was machen die Zirkusmenschen vormittags _____
Schlangentänzerin:	Die Kinder haben von 8 Uhr bis 12 Uhr Unterricht _____ Ihre Lehrerin reist immer mit uns mit _____ Wir Erwachsenen trainieren und kümmern uns um die Tiere _____
Reporter:	Vielen Dank für dieses Interview, Frau Iwana.

1 Was machen die Kinder und die Erwachsenen vormittags?
Markiere die Antwort.

Der Reporter stellt Fragen, die Schlangentänzerin antwortet.

2 Im Interview fehlen Fragezeichen und Punkte.
  a. Markiere in jeder Frage des Reporters das Fragewort.
  b. Ergänze die Fragezeichen.
  c. Ergänze in den Antworten die Punkte.

> **Merkwissen**
>
> Ein **Fragesatz** beginnt oft mit einem **Fragewort**: *Wo, Wie, Was, Warum.* Nach einem Fragesatz steht ein **Fragezeichen**: *Was machen Sie?*
>
> Nach einem **Aussagesatz** steht ein **Punkt**: *Ich tanze mit Schlangen.*

[1] ein/das **Interview** [sprich: interwju]: ein Gespräch, bei dem einer Fragen stellt und ein anderer die Antworten gibt

Ein anderer Reporter führt ein Interview mit einem Zirkuspferd.

3 Das Interview ist noch nicht vollständig.
Lies das Interview einmal still.

Reporter:	Was für ein Tier bist du?
Pferd:	*Ich bin* _____
Reporter:	_____
Pferd:	Ich heiße Pepper.
Reporter:	_____
Pferd:	Mein Alter weiß ich nicht.
Reporter:	_____
Pferd:	Ich bin so groß wie ein erwachsener Mensch.
Reporter:	_____
Pferd:	Am liebsten fresse ich Äpfel und Würfelzucker.
Reporter:	Was tust du gern?
Pferd:	_____

4 a. Du kannst die fehlenden Sätze im Interview ergänzen.
  • Schreibe die Fragen des Reporters auf.
    Setze die Fragezeichen.
  • Schreibe die Antworten des Pferdes auf. Setze die Punkte.
  Tipp: Die Sätze vom Rand helfen dir.
  b. Überprüfe deine Sätze:
    Hast du alle Punkte und Fragezeichen richtig gesetzt?

> Wie groß bist du?
> Wie alt bist du?
> Wie heißt du?
> … ein Zirkuspferd.
> Ich springe und
> schlafe gern.
> Was frisst du
> am liebsten?

5 Schreibe das Interview aus den Aufgaben 4 und 5
vollständig in dein Heft.

➜ Tipps zum Abschreiben findest
  du auf der Umschlagseite ganz
  hinten in diesem Arbeitsheft.

Z 6 Mit welchem Menschen aus dem Zirkus
möchtest du gern sprechen?
  a. Schreibe ein eigenes Interview:
    Schreibe Fragen und Antworten in dein Heft.
    Achte auf die richtigen Satzschlusszeichen.
  b. Schreibe eine Überschrift darüber.

> der Clown
> der Direktor
> die Seiltänzerin

Komma bei Aufzählung

Im Zirkus herrscht Aufregung.

Ein Tierarzt muss in den Zirkus kommen.
Ein Kamel ist krank. Es frisst nicht.
Der Tierarzt untersucht den Mund, den Hals und die Zunge. Er kann aber nichts feststellen.
Auch das Fell, die Ohren, die Augen und die Zähne sind in Ordnung.
Was hat das Kamel nur?

1 Im Text wird aufgezählt, was der Tierarzt untersucht.
   a. Schreibe die beiden Sätze mit den **Aufzählungen** ab.
   b. Markiere alle Kommas.

> **Merkwissen**
>
> Wenn du **Wörter aufzählst**, trennst du sie durch Kommas voneinander.
> Ausnahme: vor **und** steht kein Komma.
> *Wir sehen ein Pferd, einen Clown und ein Kamel.*

Die Untersuchung der Kameldame geht weiter.

Der Zirkusdirektor macht sich Sorgen um das kranke Kamel.

Die Seiltänzerin der Clown der Zauberer und der Löwendompteur

kommen schnell herbeigelaufen. Der Tierarzt tastet dem Kamel

den Bauch ab.

Dann sagt er lächelnd: „Das Kamel ist eine Dame. Sie bekommt ein Baby."

Alle sind begeistert. Die Kameldame soll in den nächsten Monaten

Ruhe Streicheleinheiten Kraftfutter und Vitamine bekommen.

Kommas fehlen!

2 Wer kommt herbeigelaufen? Was bekommt die Kameldame?
   a. Setze die fehlenden Kommas in den Aufzählungen.
   b. Markiere **und**.
   c. Schreibe den Text mit den Kommas in dein Heft.

Z 3 Wer arbeitet alles im Zirkus?
Schreibe einen Satz mit einer Aufzählung in dein Heft.
Tipp: Du kannst die Wörter vom Rand verwenden.

> ein Löwendompteur
> eine Schlangentänzerin
> eine Seiltänzerin
> ein Zeltmeister
> ein Zirkusdirektor

Satzzeichen bei wörtlicher Rede

Lea möchte in den Zirkus gehen.

Lea sagt: „Mama, der Zirkus ist in der Stadt."
Die Mutter fragt: „Möchtest du hingehen?"
Lea antwortet: „Oh ja, sehr gern."
Der Vater flüstert: „Ich habe schon drei Karten."

> **Merkwissen**
> **Wörtliche Rede** markierst du
> mit „**Anführungszeichen**"
> am Anfang und am Ende.

1 Was sagt Lea? Was sagen die Mutter und der Vater?
    a. Markiere nur die gesprochenen Sätze. „ ▬.?"
    b. Die Anführungszeichen stehen vor und nach diesen Sätzen.
        Schreibe alle Anführungszeichen mit einem farbigen Stift nach.

Lea und ihr Vater gehen in den Zirkus.

Der Vorhang öffnet sich und

der Zirkusdirektor kommt herein.

Er ruft Herzlich willkommen in unserem Zirkus.

Lea rutscht vor Aufregung auf ihrem Platz hin und her.

Der Vater sagt Jetzt geht es los.

Lea antwortet Ich liebe den Zirkus.

> **Satzzeichen
> fehlen!**

> **Merkwissen**
> Vor der wörtlichen Rede kann
> ein Begleitsatz stehen:
> Der Clown sagt:
> „Hallo, liebe Kinder."
> ▬: „ ▬."

2 Im Text sprechen der Zirkusdirektor, der Vater und Lea.
    a. Markiere die wörtliche Rede.
    b. Markiere den Begleitsatz in einer anderen Farbe.
    c. Setze die fehlenden Satzzeichen.

Am Abend sprechen Lea und ihr Vater über ihren Zirkusbesuch.

3 Leas Vater stellt Fragen. Lea antwortet.
    a. Schreibe die Antworten für Lea auf.
    b. Schreibe das ganze Gespräch in dein Heft.
    c. Markiere die Satzzeichen.

Der Vater fragt: „Was fandest du im Zirkus am schönsten?"

Lea antwortet: _____

Der Vater möchte wissen: „Was war heute am spannendsten?"

Lea erzählt begeistert: _____

_____

Nomen verwenden

Gegenstände und Lebewesen erkennen

In Märchen kommen oft besondere Lebewesen (Menschen, Tiere, Pflanzen) und Gegenstände vor.

1 Welche märchenhaften Lebewesen und Gegenstände findest du hier?
    a. Sieh dir die Bilder an und lies die Wörter.
    b. Verbinde jedes Bild mit dem passenden Wort.

Krone

Schloss

Edelstein

Fee

Zauberblume

Hexenhaus

Zauberer

Ritter

Schwert

2 **a.** Lies die Wörter noch einmal. Es sind Nomen.
    b. Markiere die Lebewesen in einer Farbe und die Gegenstände in einer anderen.
    c. Schreibe die Nomen in die Tabelle.

Lebewesen	Gegenstand	
Ritter	Schwert	

3 Ordne auch die folgenden Nomen in die Tabelle ein.

Buch, Prinzessin, Burgtor, Zwerg, Tarnkappe, Goldstück, Spiegel, Pferd, Mütze, Zauberstab, Schatztruhe, Giftnadel

Nomen und ihre Artikel

der/ein   die/eine   das/ein

In diesem Märchenanfang findest du viele Nomen.

Das Mädchen und der Prinz

Es war einmal ein armes Mädchen, das lebte ganz allein. Leider waren die liebe Mutter und der gute Vater gestorben. Die Hütte war sehr alt. Trotzdem war der Boden immer sauber, das Bett gemacht und eine schöne Pflanze blühte und duftete gut. Der Ofen brannte und das Brot war fast fertig. Die fleißige Amalia arbeitete wirklich hart. Draußen zwitscherte ein Vogel und ein kleines Reh hörte zu. Da kam plötzlich eine hässliche Hexe vorbei. Die Hexe war sehr böse. Das Mädchen musste mit ihr gehen.

1 Welche Nomen findest du im Text?
Markiere die Nomen.
Tipps: • Die Artikel sind hervorgehoben.
       • Manchmal steht der Artikel nicht direkt vor dem Nomen.

Merkwissen

Vor einem **Nomen** steht oft
ein **bestimmter Artikel** (der, das, die)
oder ein **unbestimmter Artikel**
(ein, ein, eine).

2 Schreibe die Nomen mit ihren bestimmten oder unbestimmten Artikeln auf.

der/ein: _____

das/ein: *ein Mädchen, das* _____

die/eine: _____

3 Worum geht es in dem Märchen?
Setze passende Nomen aus dem Text in die Sätze ein.
Schreibe auch die bestimmten Artikel auf.
Tipp: Schreibe den Artikel am Satzanfang groß.

Das Mädchen war arm.

_____ _____ lebte ganz allein.

_____ _____ und _____ _____ waren leider gestorben.

_____ _____ war sehr alt.

_____ _____ war trotzdem sauber.

_____ _____ war gemacht.

_____ _____ war böse.

_____ _____ musste mit ihr gehen.

Und wie geht das Märchen weiter?

Die Hexe sperrte das Mädchen ein. Amalia musste der alten Hexe helfen und hart arbeiten. Sie putzte das schmutzige Fenster. Sie wischte den staubigen Boden und sie kochte eine leckere Suppe. Einmal verirrte sich ein junger Prinz. Er sah das alte Haus und trat ein. Das Mädchen erblickte den schönen Königssohn. Er gab dem Mädchen einen Kuss. Sie ritten zusammen fort. Unterwegs …

4 Welche Lebewesen und Gegenstände kommen im Text vor?
Markiere alle Nomen mit ihrem bestimmten oder unbestimmten Artikel.

5 Was passierte alles bei der Hexe?
Beantworte die folgenden Fragen in Stichworten.

Wen sperrte die Hexe ein? *das Mädchen* _____

Was putzte Amalia? _____

Was wischte Amalia? _____

Was kochte Amalia? _____

Wen erblickte das Mädchen? _____

> **Merkwissen**
>
> Manchmal verändert sich der bestimmte oder der unbestimmte Artikel.
>
> Auf die Frage **Wen?** oder **Was?** ändern sich die Artikel so:
> der → den   ein → einen
> das → das   ein → ein
> die → die   eine → eine

6 Beantworte auch diese Fragen schriftlich.

Wem musste Amalia helfen? _____

Wem gab der Prinz einen Kuss? _____

> **Merkwissen**
>
> Auf die Frage **Wem?** ändern sich die Artikel so:
> der → dem   ein → einem
> das → dem   ein → einem
> die → der   eine → einer

7 Du kannst selbst Sätze zu dem Märchen schreiben.
Beantworte dazu diese Fragen schriftlich.
• Wem begegneten der Prinz und Amalia unterwegs?
• Wem dankte das Mädchen?
• Wem gefiel der Prinz?
• Wen bestrafte der Prinz?
Tipp: Achte auf die Veränderung der Artikel.

> der Vogel
> die Eule
> das Eichhörnchen

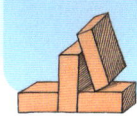

Nomen im Singular und im Plural

Am Ende feiern der Prinz und das Mädchen ein großes Fest.

Wenig später heirateten der Prinz und
das Mädchen und es wurde ein großes Fest
gefeiert. Ein Diener verbreitete die frohe
Nachricht überall. Alle durften kommen:
5 die Bauern, die Zwerge, die Könige, die Hexen
und die Tiere. Auf den Tischen standen
die Kerzen, die Schüsseln, die heißen Kartoffeln,
die gebratenen Schweine, die knusprigen
Enten, die duftenden Brote, die leckeren Fische,
10 die vollen Tassen und die frischen Salate.
Es wurde lange gefeiert und viel gelacht.
Und wenn sie nicht gestorben sind,
dann leben sie noch heute.

1 Markiere die Nomen mit ihren Artikeln im Text.

2 Wer durfte zum Fest kommen? Was stand für die Gäste bereit?
Schreibe die Nomen im Plural in die Tabelle.

Singular	Plural mit der Endung -e	Singular	Plural mit der Endung -n
der Zwerg	*die Zwerge*	der Bauer	
der König		die Hexe	
das Tier		die Schüssel	
das Schwein		die Kerze	
das Brot		die Kartoffel	
der Fisch		die Ente	
der Salat		die Tasse	

3 Wie heißt der bestimmte Artikel im Plural? Ergänze den Satz.

Der bestimmte Artikel im Plural heißt immer _____.

4 Bilde den Plural zu folgenden Nomen.

der Pilz – _____   die Blume – _____

der Tisch – _____   die Katze – _____

das Pferd – _____   die Pfeife – _____

Adjektive verwenden

Till Eulenspiegel trägt eine besondere Kleidung.

Eulenspiegel trägt einen bunten Anzug.
Auf dem Kopf trägt er eine rote Kappe.
Die Kappe hat an jeder Seite einen langen Zipfel
und ein goldenes Glöckchen.
5 Auf den Schultern hat Till einen roten Umhang.
Darunter trägt er ein gelbes Hemd.
Um den Bauch hat er einen grünen Gürtel.
An den Beinen trägt er lange rote Strümpfe
und an den Füßen spitze blaue Schuhe.
10 Till hält einen goldenen Spiegel in der Hand.
Er hat eine geheimnisvolle Eule bei sich.

1 Welche Farben hat Till Eulenspiegels Kleidung?
Male das Bild mit den richtigen Farben aus.

> **Merkwissen**
>
> Mit **Adjektiven** kannst du
> Personen, Tiere oder Gegenstände
> genauer beschreiben.

2 Was trägt Till Eulenspiegel?
  a. Lies den Text noch einmal.
  Markiere, was Till anhat.
  b. Schreibe die Wortgruppen mit einen/ein/eine geordnet in die Tabelle.
  c. Markiere die Endungen der Adjektive.

Till Eulenspiegel trägt		
einen	ein	eine
einen bunten Anzug		

3 Was trägt Till an den Beinen und an den Füßen?
Zwei Wortgruppen im Text stehen im Plural.
Schreibe die Wortgruppen auf.

Z **4** Schreibe ein Rätsel zu Till Eulenspiegel in dein Heft.
Schreibe dazu drei Sätze mit den Wortgruppen aus der Tabelle auf.

> **Starthilfe**
>
> Meine Person hat …

Auch Nasrettin Hoca trägt eine besondere Kleidung.

eine blaue Schärpe

5 Was hat Nasrettin an?
  a. Sieh dir das Bild an.
  b. Ordne die Wortgruppen richtig zu.
     Schreibe sie neben das Bild.

einen riesigen Turban
eine rote Weste
gelbe Schuhe
weite Hosenbeine
ein violettes Hemd
eine blaue Hose

6 Beschreibe Nasrettins Kleidung in einem kurzen Text.
Du kannst die Satzschalttafel verwenden.

Nasrettin Er Nasrettin Hoca	hat trägt	einen	riesigen grauen	Turban. Bart.
		ein	violettes	Hemd.
		eine	rote blaue	Hose. Jacke. Schärpe.
			gelbe	Schuhe.
Die Hose	hat		weite	Hosenbeine.

Verben verwenden

Verben im Präsens

Auf dem Schulhof sind alle gerade sehr beschäftigt.

1 Was tun Maria und ihre Freunde gerade?
Setze die Verbformen aus dem Bild im Präsens ein.

Maria und Mia _____ zwei Katzen durch ein Fernglas.

Lea und Jonas _____ auf der kleinen Mauer.

Finn und Paul _____ mit Papierfliegern.

Lilli und Luka _____ um die Wette.

Sina und Nele _____ ihr Frühstück.

Akin und Jan _____ am Klettergerüst.

> **Merkwissen**
>
> Mit **Verben im Präsens** drückst du aus, was jemand gerade tut. *Sina und Nele* **essen** *ihr Frühstück.*

Verben enden oft auf -en: lach**en**

beobachten, spielen, laufen, essen, turnen, lesen, fahren

> **Starthilfe**
>
> ich beobachte
> du …
> er / sie / es …
> …

2 a. Markiere bei den Verben die Endungen.
b. Schreibe alle Verbformen von **beobachten** und **turnen** in dein Heft.

3 Manchmal verändern sich auch Buchstaben im Verb.
a. Schreibe die Verbformen von **lesen**, **fahren** und **laufen** in der 3. Person Singular (er …) in dein Heft.
b. Markiere die veränderten Vokale und Umlaute.

> e → ie
> a → ä
> au → äu

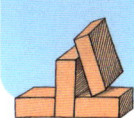

Trennbare Verben

Vor dem Unterricht müssen einige Schüler noch etwas tun.

📖 Felix soll den Kaugummi aus dem Mund herausnehmen.
Nikolai soll das Comic-Heft zumachen
und Emily soll das Brot wegpacken.

1 Was sollen Felix, Nikolai und Emily tun?
Unterstreiche die Verben.

2 a. Schreibe auf, was Felix, Nikolai und
Emily nun tun.
b. Markiere die beiden Teile des Verbs.

Felix *nimmt* _____ *heraus* .

Nikolai *macht* _____ .

Emily _____ .

Im Unterricht muss jeder noch eine Aufgabe aus dem Arbeitsplan bearbeiten.

3 a. Lies den Arbeitsplan.
b. Wer muss welche Aufgabe bearbeiten?
Umkreise jeweils die fehlende Aufgabe und den Namen.
c. Markiere die Verben.

	Felix	Nikolai	Emily	Mia	Akin
die Geschichte im Deutschbuch S. 8 vorlesen	✓	✓	✓		✓
das Gedicht aus dem Buch abschreiben		✓	✓	✓	✓
die Matheaufgaben im Heft ausrechnen	✓		✓	✓	✓
die Wörter mit ie aufschreiben	✓	✓		✓	✓
die Blumen aus Krepppapier ausschneiden	✓	✓	✓	✓	

4 a. Schreibe auf, was jeder nun tut.
b. Markiere die beiden Teile der Verben.

Felix *schreibt* _____ *ab* .

Nikolai _____ .

Emily _____ .

Mia _____ .

Akin _____ .

Mündlich erzählen: Das Perfekt

Maria ist bei der Klassenfahrt etwas passiert.

1 Mia möchte genau wissen, was Maria passiert ist.
Lies das Gespräch zwischen Maria und Mia.

Was ist mit dir denn passiert?

Wie hast du das denn gemacht?

Da hast du wirklich Pech gehabt.

Ich habe mir einen Muskel gezerrt.

Wir sind mit der Klasse gewandert und dann sind Finn und ich auf einen Hügel geklettert. Oben haben wir gespielt. Ich bin gestolpert und bin dann gestürzt.

Ja, das hat Finn auch gesagt.

2 Worüber sprechen Maria und Mia?
Markiere die Verbformen.

3 Die Verbformen im Perfekt bildet man mit **haben** oder **sein**.
Ordne die Perfektformen aus den Sprechblasen nach **haben** und **sein**.
Schreibe sie in die Tabelle.

Verbformen mit haben	Verbformen mit sein
ich habe mir gezerrt	

ich habe / ich bin
du hast / du bist
er / sie / es hat
er / sie / es ist
wir haben / wir sind
ihr habt / ihr seid
sie haben / sie sind

4 Maria und Mia unterhalten sich weiter.
a. Schreibe die Perfektformen in die Lücken.
b. Verbinde die beiden Teile der Perfektformen mit einer Klammer.

Mia: Erzähl mal: Was hast du dann gemacht?

Maria: Ich _____ viele Tränen _____ , aber Frau Wiese

_____ mich ganz lieb _____ . Danach _____ wir

zum Arzt _____ . Der _____ mir einen Verband _____ .

fahren
machen
trösten
weinen

5 Schreibe das Gespräch aus den Aufgaben 1 und 4 in dein Heft.

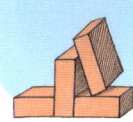

Auch Antonio war auf Klassenfahrt. Er erzählt seiner Mutter:

„Am Montag haben wir ganz schön gefroren. Aber Frau Krause
hat mit uns dann heißen Kakao getrunken. Dienstag sind wir
zum Glück ins Hallenbad gegangen. Wir sind dort den ganzen Tag
geblieben und sind geschwommen. Ich bin sogar vom 3-Meter-Turm
gesprungen. Dabei habe ich vor Aufregung laut geschrien.
Aber Paul und Sergej haben gesagt, das ist ganz schön mutig
von mir gewesen. Am letzten Tag sind wir mit einem Hubschrauber
geflogen und haben alles von oben gesehen. Unglaublich!"

6 Was hat Antonio alles auf der Klassenfahrt getan?
Markiere die Perfektformen im Text.

7 Schreibe zu den Infinitiven die passenden Perfektformen aus dem Text auf.

fliegen
wir sind geflogen

schwimmen
wir

frieren
wir

bleiben
wir

springen
ich

gehen
wir

sehen
wir

schreien
ich

sein
das

trinken
sie

Bei manchen Verben ändert sich im Perfekt der Vokal.

8 Vergleiche die Infinitive und die Perfektformen in Aufgabe 7.
   a. Markiere die Vokale (a, e, i, o, u),
      die in der Perfektform anders sind als im Infinitiv.
   b. Welches Verb ändert sich ganz?
      Markiere es.

Starthilfe
fliegen
wir sind geflogen

Schriftlich erzählen: Das Präteritum

Lilli berichtet von einem merkwürdigen Erlebnis.

Einmal machte ich
eine ganz besondere Reise. ◯
Als ich aus dem Bus kletterte, war alles ganz anders
als zu Hause. Alles war riesengroß. Die Riesen feierten
5 ein Fest. Der Riesenbäcker backte Brote so riesig
wie Autos und machte Kekse so groß wie Wagenräder. ◯
Die Riesenkinder schlürften Milch aus Badewannen.
Zusammen spielten wir Mikado mit Telefonmasten.
Zum Schluss erzählte ein Riese Witze und die anderen
10 lachten so laut, dass mein Bett wackelte.
Da erwachte ich und merkte – alles war nur ein Traum.

1 Was erlebte Lilli?
  a. Im Text sind Verbformen im Präteritum hervorgehoben.
     Schreibe die Verbformen auf.
  b. Schreibe die Infinitive daneben.

> **Merkwissen**
>
> Wenn du über Vergangenes **schriftlich** erzählst, verwendest du meist das **Präteritum**.

ich *machte – machen* _____   wir _____

ich _____   er _____

sie _____   sie _____

er _____   es _____

er _____   ich _____

sie _____   ich _____

2 Verben im Präteritum haben bestimmte Endungen.
Markiere die Endungen in Aufgabe 1.

ich mach**te**	– wir mach**ten**
du mach**test**	– ihr mach**tet**
er/sie/es mach**te**	– sie mach**ten**

3 Lilli überarbeitet ihre Geschichte und ergänzt drei Sätze.
Schreibe die passenden Verbformen im Präteritum in die Lücken.

> schaffen
> reisen
> schlummern

  ①Ich _____ mit dem Bus. Unterwegs _____ ich.

  ②Ich _____ nur einen einzigen dieser Riesenkekse.

4 An welche Stellen in Lillis Geschichte passen die Sätze aus Aufgabe 3?
Schreibe die Zahlen dort hin.

Z 5 Schreibe den Text aus den Aufgaben 1 und 3 in dein Heft.
Schreibe eine passende Überschrift darüber.

In der Klasse 5b steht eines Tages eine riesige Maschine.
Die Maschine verwandelt Verben im Infinitiv in Verbformen im Präteritum.

essen
sein
fahren   liegen

kommen	laufen	werden
tun	geben	sitzen
rufen	sehen	werfen
fallen	gehen	haben

es fiel	er rief	wir sahen
ich aß	ihr fuhrt	sie wurden
wir waren	er lief	sie tat
du gingst	sie gab	sie saßen
es lag	wir hatten	er warf
wir kamen		

6 Welche Verbformen gehören zusammen?
   a. Ordne die Verben im Infinitiv den Verbformen im Präteritum zu.
   b. Schreibe sie zusammen auf.
   c. Markiere die Vokale im Infinitiv und im Präteritum.

essen – ich aß, _____

_____

_____

_____

Elias und Ronja schreiben dem Erfinder der Maschine eine E-Mail.

7 Ergänze die fehlenden Verbformen im Präteritum.
Verwende die hervorgehobenen Verbformen aus der Maschine.

> Lieber Erfinder,
>
> als wir Ihre Maschine _____ , _____ wir ganz schön verblüfft.
>
> Zuerst _____ sie gar nichts. Als Nick aber die ersten Wörter in die Maschine
>
> _____ , _____ sie seltsame Geräusche von sich und dann _____ ein Wort
>
> nach dem anderen heraus. Unser Lehrer _____ dabei die ganze Zeit aufgeregt
>
> durch die Klasse. Wir _____ viel Spaß mit Ihrer Erfindung.
>
> Vielen Dank und liebe Grüße
>
> *Ihre Klasse 5b*

→ Das kann ich! Seite 102

Trennbare Verben

In der Schule machen der Hausmeister und die Schüler Unterschiedliches.

Er **schließt** die Tür.

Er **schließt** die Tür mit einem Schlüssel **zu**.

Er **steht** in der Schlange.

Er **steht** von seinem Platz **auf**.

Sie stolpert und **fällt** auf die Knie.

Plötzlich **fällt** ihr die Lösung der Aufgabe **ein**.

1 Was tun die Schüler? Was macht der Hausmeister?
   a. Sieh dir die Bilder an und lies die Sätze.
   b. Schreibe die Sätze zu den richtigen Verben im Infinitiv.

stehen: _____

aufstehen: *Er steht von seinem Platz auf.* _____

fallen: _____

einfallen: _____

schließen: _____

zuschließen: _____

2 Manche Verben bestehen aus zwei Teilen.
   Im Satz können die Teile des Verbs getrennt stehen.
   Markiere in den Sätzen von Aufgabe 1 die beiden Teile des Verbs.

3 Was machst du, bevor du zur Schule gehst?
   a. Schreibe mit den folgenden Verben Sätze in dein Heft.
   b. Markiere die beiden Teile des Verbs.

   aufstehen, einpacken, losgehen, einsteigen

> **Starthilfe**
> Ich stehe um sieben
> Uhr auf. ...

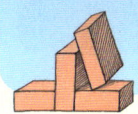

Modalverben

Der Außerirdische Alli will mit seinem Ufo zu einer Verabredung fahren.
Doch sein Ufo ist kaputt.

1 Worüber sprechen die beiden Außerirdischen?
Markiere die Modalverben und die Verben im Infinitiv
in den Sprechblasen.

2 Die Geschichte von Alli und Allina geht noch weiter.
a. Lies die Sätze.
b. Sieh dir die Bilder unten an.
c. Schreibe die Sätze unter die passenden Bilder.

Merkwissen

Wörter wie **möchten**, **sollen**,
wollen, **können**, **dürfen**, **müssen**
sind **Modalverben**.
Sie stehen oft zusammen mit dem
Infinitiv eines anderen Verbs:
Alli **möchte** ins Kino **gehen**.

„Darf ich dich dann anrufen?"   „Ich kann leider nicht mitkommen."

„Ich muss um 22 Uhr zu Hause sein."   „Möchtest du ein Eis essen?"

„Soll ich dich nach Hause bringen?"   „Wollen wir morgen schwimmen gehen?"

_____   _____   _____

_____   _____   _____

Präpositionen verwenden

Wohin?

Die Klasse 5c räumt die Klassenbücherei auf.

1 **Wohin** kommen die Gegenstände?
   a. Schreibe Fragen auf.
   b. Schreibe passende Wortgruppen neben die Frage.

> **Merkwissen**
>
> Mit **Präpositionen** kannst du ausdrücken, **wohin** etwas kommt:
> *Der Kasten kommt **auf** den Tisch.*

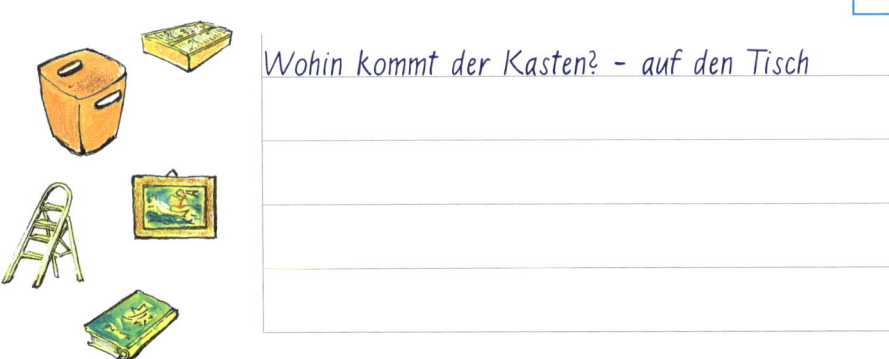

Wohin kommt der Kasten? – auf den Tisch

> auf den Tisch
> in das Regal
> unter den Tisch
> neben das Regal
> an die Wand

2 Die Kinder bringen die Gegenstände an den richtigen Platz.
Schreibe fünf Sätze in dein Heft.

Julia Kevin Maria Olga Raik	legt stellt hängt	den	Kasten Papierkorb	an auf in neben unter	den	Tisch.
		das	Bild Buch		das	Regal.
		die	Leiter		die	Wand.

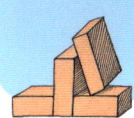

Wo?

Julia, Kevin, Maria, Olga und Raik haben alles
an den richtigen Platz gebracht.

1 **Wo** sind jetzt die Gegenstände in der Klassenbücherei?
   a. Beantworte die Fragen.
   b. Markiere in deinen Antworten das Verb,
      die Präposition und den Artikel.

Wo ist der Kasten? *Er steht auf dem Tisch.*

Wo ist der Papierkorb? *Er*

Wo ist das Buch? *Es*

Wo ist das Bild? *Es*

Wo ist die Leiter? *Sie*

steht in dem Regal
~~steht auf dem Tisch~~
steht unter dem Tisch
steht neben dem Regal
hängt an der Wand

Die Schülerbücherei hat geöffnet.
Viele haben sich einen gemütlichen Platz zum Lesen gesucht.

2 Wo sind die Kinder?
   a. Schreibe Sätze in dein Heft.
   b. Markiere in jedem Satz das Verb, die Präposition und den Artikel.

Kira	sitzt	auf	dem	Fußboden.
Ina	liest	unter		Stuhl.
Celina	liegt	neben		Tisch.
Jan	lehnt	an	dem	Kissen.
Enrico	steht	in		Regal.
Paulo	sitzt		der	Ecke.
				Wand.

Satzglieder verwenden

Satzglieder umstellen

Familie Jensen möchte auf dem Flohmarkt alte Spielsachen verkaufen.

Familie Jensen **sammelt** Spielsachen für den Flohmarkt.
Für den Flohmarkt | **sammelt** Familie Jensen Spielsachen.
Spielsachen **sammelt** Familie Jensen für den Flohmarkt.

1 Die Satzglieder in den drei Sätzen wurden umgestellt.
 a. Schreibe die Sätze in dein Heft.
 b. Setze Striche zwischen die einzelnen Satzglieder.

Jeder findet etwas, was er auf dem Flohmarkt verkaufen kann.

2 **a.** Stelle die Satzglieder um.
 b. Trenne die Satzglieder durch Striche (… | …).
 c. Markiere die Verben.

Felix findet die alte Rennbahn auf dem Dachboden.

Ihre Kinderbücher spendet die große Schwester.

Der kleine Ben holt den Einkaufsladen aus seinem Zimmer.

Nun sind alle Sachen für den Flohmarkt beisammen.

3 **a.** Trenne die Satzglieder durch Striche (… | …).
 b. Markiere die Verben in den vier Sätzen.

Familie Jensen **belädt** das Auto mit Flohmarktsachen.

Im Kofferraum liegt der Verkaufstisch.

Die Kinder tragen ihre Spielsachen zum Auto.

Vater Jensen stellt die alte Lampe auf den Vordersitz.

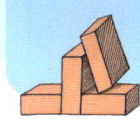

Das Prädikat

Auf dem Flohmarkt ist schon viel los.

1 **Was tun** die Menschen auf dem Flohmarkt?
Verbinde die Satzglieder passend zum Bild.

Das Mädchen   repariert   im Kinderwagen.

Das kleine Baby   verkauft   den Verkaufstisch.

Die Frau ——————— bezahlt   ihr Spielzeug.

Der lustige Opa   schläft   das dicke Märchenbuch.

2 a. Frage mit **Was tut?** nach den Prädikaten in den Sätzen von Aufgabe 1.
b. Schreibe die Fragen und Antworten auf.
c. Kreise die Prädikate ein.

Was tut die Frau? Die Frau (bezahlt) das dicke Märchenbuch.

Familie Jensen baut ihren Tisch auf.

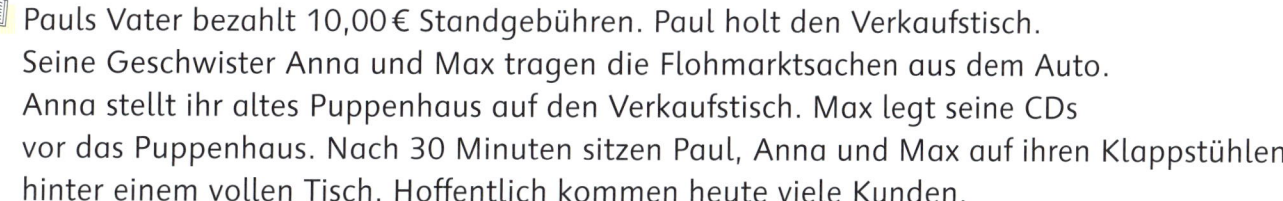

Pauls Vater bezahlt 10,00 € Standgebühren. Paul holt den Verkaufstisch.
Seine Geschwister Anna und Max tragen die Flohmarktsachen aus dem Auto.
Anna stellt ihr altes Puppenhaus auf den Verkaufstisch. Max legt seine CDs
vor das Puppenhaus. Nach 30 Minuten sitzen Paul, Anna und Max auf ihren Klappstühlen
hinter einem vollen Tisch. Hoffentlich kommen heute viele Kunden.

3 a. Kreise im Text alle Prädikate ein.
b. Schreibe den Text in dein Heft.

Das Subjekt

Heute ist Flohmarkt. Das ist für viele ein spannender Tag.

1 **Wer** oder **was** macht den Tag spannend?
   a. Frage mit **Wer?** oder **Was?** nach den Subjekten.
   b. Trage die passenden Subjekte aus der Randspalte ein.
   c. Umrahme die Subjekte so:

alle
der Flohmarkt
der Vater
der Wecker
die ganze Familie
Mira
der Verkaufsstand

Um 7:00 Uhr klingelt _____*der Wecker*_____ .
(Wer? oder Was?)

_____ fährt mit dem Auto zum Flohmarkt.
(Wer? oder Was?)

_____ kostet Geld.
(Wer? oder Was?)

Eine Stunde später beginnt schon _____.
(Wer? oder Was?)

_____ möchte auf dem Flohmarkt ihre alten Sachen verkaufen.
(**Wer?** oder Was?)

_____ baut den Tisch auf.
(**Wer?** oder Was?)

Am Abend sind _____ müde.
(**Wer?** oder Was?)

2 **a.** Schreibe den Text in dein Heft.
   b. Umrahme die Subjekte so:

3 **a.** Lies die Sätze.
   b. Beantworte die Fragen.
      Schreibe Wörter oder Wortgruppen auf.
   c. Umrahme die Subjekte so:

Peter hat alle Spielzeugautos verkauft.
Wer oder **Was** hat alle Spielzeugautos verkauft? _____

Die Oma hat einen Mantel gekauft.
Wer oder **Was** hat einen Mantel gekauft? _____

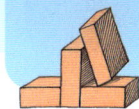

Die Objekte

Einige Besucher haben etwas auf dem Marktplatz verloren.

Merkwissen

Mit **Wen?** oder **Was?** und mit **Wem?** fragst du nach einem **Objekt** .

Wen kontrolliert der Polizist? Den Autofahrer.
Was kauft die Oma? Die Tasse.
Wem schüttelt der Käufer die Hand? Dem Verkäufer.

1 **Wen** oder **Was** haben die Besucher verloren?
  a. Schreibe Antworten auf.
  b. Umrahme die Objekte so: ⬜

Ein Besucher hat ⸤seine Tasche⸥ verloren.

sein Handy
seine Jacke
seinen Freund
seinen Schlüssel
seinen Schnuller
~~seine Tasche~~
seinen Pullover
seinen Hund

Wem gehört hier was?

2 **a.** Verbinde die Bilder links passend mit den Bildern rechts.
  b. Schreibe die Fragen und die Antworten in dein Heft.
  c. Umrahme die Objekte so: ⬜

Starthilfe

Wem gehört das Schaukelpferd?
⸤Dem Mädchen⸥ gehört das Schaukelpferd.

 dem Mädchen

 dem Opa

 das Fußballbuch

 der Schnuller

 der Oma

 dem Baby

 die Handtasche

 das Schaukelpferd

 dem Jungen

 der Frau

 die Tasse

 der Hund

Den Textknacker anwenden

? Ötzi, ein Mensch aus der Steinzeit: Welche Kleidung trug er?
Welche Werkzeuge hatte er bei sich?

Den Sachtext knackst du mit dem Textknacker.
Zum Schluss beschriftest du ein Bild.

1. Vor dem Lesen
2. Das erste Lesen
3. Den Text genau lesen

1 Lies den Text mit den Schritten 1 bis 3.

Ötzi – Ein Mann aus der Steinzeit

1991 entdeckten Touristen im Eis der Ötztaler Alpen
eine Mumie. Nach ihrem Fundort wurde sie Ötzi genannt.
Wissenschaftler stellten fest: Es handelte sich
um einen etwa 46 Jahre alten Mann, der vor ungefähr
5 5300 Jahren gelebt hatte – er war ein Mensch
aus der Steinzeit! Durch das Eis waren sein Körper und
auch seine Kleidung und seine Werkzeuge gut erhalten.
Ötzi trug einen Umhang aus Ziegenfell, aus demselben
Material war seine Hose. Darüber hatte er einen Umhang
10 aus Gras. Auf dem Kopf trug er eine Mütze aus Bärenfell.
Seine Schuhe bestanden aus Hirschleder. Ötzi trug ein Beil
mit einer Kupferklinge, Pfeile und einen Bogen.

2 Markiere Ötzis Kleidung und seine Werkzeuge in unterschiedlichen Farben.

3 Welche Kleidung trug Ötzi?
Welche Werkzeuge hatte er bei sich?
Beschrifte das Bild.

4. Nach dem Lesen

Ötzi trug diese Kleidung:

① _____

② _____

③ _____

④ _____

⑤ _____

Ötzi hatte diese Werkzeuge bei sich:

① _____

② _____

③ _____

Meine Punkte:

5 Kleidung
stücke mar
/5

3 Werkzeu
markiert:
/3

/1

/1

/1

/1

/1

/1

/1

/1

/16

Meine Gesamtpunktzahl:
von 16

15–16 Punkte:
Super!

10–14 Punkte:
Das kann ich noch
besser. Ich übe weiter!

0–9 Punkte:
Ich arbeite die Seiten
7 bis 12 noch einmal durch.

Zu Bildern erzählen

Zu diesen Bildern kannst du eine Geschichte schreiben.

1 Sieh dir die Bildergeschichte an.
- Was tut die Hauptperson?
- Was geschieht?
- Was denkt oder sagt die Hauptperson?
- Welchen Gesichtsausdruck hat die Hauptperson?

Meine Punkte:

2 Notiere zu jedem Bild Stichworte in dein Heft.
Bild 1: Wo ist Frida? Was möchte sie? Was tut sie? /3
Bild 2: Worauf freut sie sich? Woran sieht man das? /2
Bild 3: Wo sitzt Frida? Was tut sie? Worauf wartet sie? /3
Bild 4: Was ist mit Frida und dem Wasser passiert? /2
Bild 5: Wohin läuft Frida? /1
Bild 6: Was tut sie zum Schluss im Badezimmer? /1

3 Schreibe deine Geschichte zu den Bildern in dein Heft.
- Schreibe der Reihe nach zu jedem Bild. /12
- Verwende treffende Adjektive. /6
- Verwende treffende Verben. /6
- Verwende unterschiedliche Satzanfänge. /6
- Finde eine passende Überschrift. /1

4 Überprüfe und überarbeite deine Geschichte.

/43

Meine Gesamtpunktzahl: 38–43 Punkte: 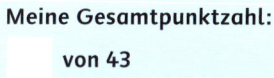 26–37 Punkte: 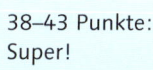 0–25 Punkte:
von 43   Super!   Das kann ich noch   Ich arbeite die Seiten
  besser. Ich übe weiter!   15 bis 20 noch einmal durch.

Eine Geschichte überarbeiten

Julian hat zu diesen Bildern eine Geschichte geschrieben.

1 a. Sieh dir die Bilder genau an.
b. Lies Julians Geschichte.

Überschrift: _____

☐ Es regnet. Janina wird nass.

☐ Die Sonne scheint wieder.

Doch das _____ Päckchen ist nass. Die _____ Schleife hängt

herunter. Die _____ Blumen sind nass. Janina ist nicht mehr schön.

Aber Jessica freut sich.

☐ **Heute** feiert Jessica ihren Geburtstag.

Janina will zur Geburtstagsfeier gehen. Sie trägt ein _____ Päckchen

mit einer Schleife und einen _____ Blumenstrauß. Sie hat sich

schön gemacht. Am Himmel sind Sonne und _____ Wolken.

Du kannst Julians Geschichte überarbeiten.

2 Was geschah nacheinander?
Nummeriere die Absätze in der richtigen Reihenfolge.

3 Mache die Geschichte mit treffenden Adjektiven lebendiger.
Ergänze in den Lücken jeweils ein passendes Adjektiv.

> bunten   dunkle
> große   großes
> schönen   schöne

4 a. Schreibe eine passende Überschrift über die Geschichte.
b. Schreibe die überarbeitete Geschichte fehlerfrei in dein Heft.

Meine Punkte:

Überschrift
/1

Reihenfolge
/3

Adjektive:
/6

/10

Meine Gesamtpunktzahl:
☐ **von 10**

9–10 Punkte:
Super!

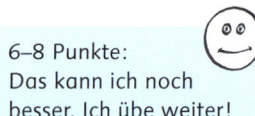

6–8 Punkte:
Das kann ich noch
besser. Ich übe weiter!

0–5 Punkte:
Ich arbeite die Seiten
42 bis 43 noch einmal durch.

Einen Steckbrief schreiben

Der Nasenbär ist ein Säugetier aus Südamerika.
Das Bild und der Text informieren dich über das Tier.

1 Lies den Text.

Der Nasenbär

Der Nasenbär gehört zur Klasse
der Säugetiere.
Er kommt nur in Südamerika vor
und lebt dort überwiegend
5 in Regenwäldern.
Der Kleinbär erreicht eine Länge
bis zu 1,30 m. Er wiegt bis zu 6 kg.
Der Nasenbär besitzt eine lange
Nase, die wie ein kleiner Rüssel
10 sehr beweglich ist. Sein Körper ist
länglich, die Beine sind kurz und
kräftig. Auffällig ist sein langer,
geringelter und buschiger Schwanz.
Das Raubtier ernährt sich

15 in der Hauptsache von Kleintieren, aber auch von süßen Früchten.
Die Nasenbären leben in Gruppen mit einem Männchen und
mehreren weiblichen Tieren. Das Weibchen bekommt 2 bis 7 Jungtiere,
die es in ihren Baumnestern säugt und sehr fürsorglich pflegt.
In Kolumbien steht der Nasenbär unter Schutz.

2 Markiere die wichtigsten Informationen im Text.

3 Schreibe einen Tiersteckbrief zum Nasenbären.
  a. Lege in deinem Heft eine Tabelle an.
  b. Trage die Hauptstichwörter ein.

> **Hauptstichwörter:**
> Name und Klasse
> Heimat und Lebensraum
> Größe und Gewicht
> Aussehen
> Ernährung
> Nachwuchs
> Bedrohung

4 Schreibe zu jedem Hauptstichwort
die wichtigsten Informationen auf.
Schreibe in Stichworten.

5 Überprüfe und überarbeite deinen Tiersteckbrief.

Meine
Punkte:

Markieren:

/7

Tabelle:

/2

Hauptstich-
wörter:

/7

Informa-
tionen:

/14

/30

Meine Gesamtpunktzahl:

von 30

25–30 Punkte:
Super!

17–24 Punkte:
Das kann ich noch
besser. Ich übe weiter!

0–16 Punkte:
Ich arbeite die Seiten
23 bis 25 noch einmal durch.

93

Einen Brief schreiben

Du weißt, wie ein Brief aufgebaut ist.

1 Was steht im Brief an welcher Stelle?
Ordne die Teile eines Briefes richtig zu
und schreibe sie auf die Linien.

> der Ort, das Datum
> die Anrede
> der Text
> der Gruß
> die Unterschrift

Meine Punkte:

/1

/1

/1

/1

/1

Du schreibst einem Brieffreund zum ersten Mal.

2 **a.** Schreibe deinen Brief auf ein extra Blatt.
  b. Erzähle in einem Brief von dir.
  • Warum schreibst du?   /1
  • Wie heißt du?   /1
  • Wie alt bist du?   /1
  • Wo wohnst du?   /1
  • Welche Schule und welche Klasse besuchst du? /1
  • Welche Hobbys hast du?   /1
  • Was möchtest du von deinem Brieffreund wissen? /1
                                                  /2
3 Wähle einen passenden Gruß und unterschreibe den Brief.

/14

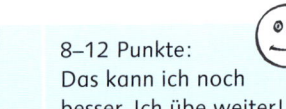

Meine Gesamtpunktzahl: 13–14 Punkte: 8–12 Punkte: 0–7 Punkte:
                                Super!   Das kann ich noch   Ich arbeite die Seiten
von 14   besser. Ich übe weiter!   31 bis 33 noch einmal durch.

94

Merkmale von Märchen erkennen

Märchen kannst du an bestimmten Merkmalen erkennen.

1 Welcher Anfang passt zu einem Märchen?
Kreuze die richtige Antwort an.

/1

☐ Am Sonntag ging die ganze …

☐ Vor langer Zeit lebte einmal eine …

☐ Die drei glücklichen Kinder sangen …

2 Welche der folgenden Aussagen sind richtig?
Kreuze an.

	richtig:	falsch:	
Tiere oder Gegenstände können in Märchen sprechen.	☐	☐	/1
In Märchen gibt es keine Zaubersprüche.	☐	☐	/1
Die magischen Zahlen drei und sieben kommen häufig in Märchen vor.	☐	☐	/1
Zauberer, Hexen und Feen kommen in Märchen vor.	☐	☐	/1
Der Märchenheld/die Märchenheldin wird am Ende des Märchens belohnt.	☐	☐	/1
Am Ende siegt das Böse über das Gute.	☐	☐	/1
Märchen spielen in der Vergangenheit.	☐	☐	/1

3 Schreibe einen Zauberspruch auf, der dir besonders gut gefällt.

/2

4 Schreibe einen typischen Märchenschluss auf.

/2

/12

Meine Gesamtpunktzahl:

☐ **von 12**

11–12 Punkte:
Super!

7–10 Punkte:
Das kann ich noch
besser. Ich übe weiter!

0–6 Punkte:
Ich arbeite die Seiten
37 bis 38 noch einmal durch.

Rechtschreiben: Wörter mit ie, ß

> Liebe Isa,
>
> ich heiße Jan und gehe in die 5 b.
>
> Mit dem Brief möchte ich dich bloß etwas fragen.
>
> Gehst du mit mir einmal in das neue Kino an der Hamburger Straße?
>
> Wir können ja einmal telefonieren.
>
> Meine Telefonnummer ist 260373. Wie ist deine?
>
> Einen Gruß sendet dir
>
> Jan

Meine Punkte:

1 In diesem Text findest du Wörter mit **ie** und **ß**.
   a. Markiere im Text fünf Wörter mit **ie**. /4
   b. Markiere vier Wörter mit **ß**. /4
   c. Schreibe die acht Wörter auf. /8

Rechtschreiben: Wörter mit ver-, vor-, ent-

Jan hat mit seinem Brief Erfolg.

> Jan und Isa entschließen sich wirklich, zusammen ins Kino zu gehen.
> Sie verstehen sich gut und verbringen einen schönen Nachmittag.
> Jan überlegt: Soll er Isa ein zweites Treffen vorschlagen?
> Er würde ihr gern seine Hiphop-CDs vorführen. Isa gefällt das.
> Die beiden entscheiden, sich am nächsten Tag zu treffen.

2 In diesem Text findest du Verben mit den Vorsilben **ver-**, **vor-**, **ent-**.
   a. Markiere die Verben im Text. /6
   b. Schreibe die Verben geordnet in die Tabelle. /6
      Markiere in der Tabelle alle Vorsilben. /6

Verben mit ver-	Verben mit vor-	Verben mit ent-

/34

Meine Gesamtpunktzahl:

von 34

30–34 Punkte:
Super! 🙂

20–29 Punkte:
Das kann ich noch
besser. Ich übe weiter! 😐

0–19 Punkte:
Ich arbeite die Seiten 48 bis 51
und 62 bis 65 noch einmal durch. 🙁

Rechtschreiben: Wörter mit kurzem Vokal

1 Ergänze den folgenden Merksatz.

> Nach einem kurzen Vokal schreibst du meist zwei
>
> K _____, zwei gleiche oder zwei verschiedene.

/1

2 Schreibe zu den Nomen im Singular (in der Einzahl)
die Nomen im Plural (in der Mehrzahl) auf.

das Blatt – _____   die Mütze – _____

das Fell – _____   der Pass – _____

die Katze – _____   die Stimme – _____

der Keller – _____   die Tonne – _____

/8

3 Finde die passenden Reimwörter und schreibe sie zusammen auf.

besetzt, erschrecken, die Katze, die Klasse, die Mütze, die Pfütze, der Schatz, der Spatz,
die Spritze, die Tasse, die Tatze, verstecken, die Witze, zuletzt

_____

_____

_____

/7

4 Schreibe fünf Wörter der Wortfamilie **Glück** auf.

_____

_____

/5

5 Setze das Verb **müssen** in der richtigen Präsensform in die Lücken.

Wir _____ jeden Tag zur Schule gehen. Du _____ immer

mit dem Bus kommen. Ich _____ mit dem Fahrrad fahren.

Der Lehrer hat Glück, er _____ nur ein paar Schritte

bis zur Schule gehen. Die meisten Kinder gehen auch zu Fuß,

sie _____ nicht mit dem Bus fahren.

/5

/26

Meine Gesamtpunktzahl: 21–26 Punkte: 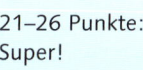   10–20 Punkte: 0–8 Punkte:

von 26   Super!   Das kann ich noch   Ich arbeite die Seiten

besser. Ich übe weiter!   52 bis 59 noch einmal durch.

Rechtschreiben: Adjektive mit -ig und -lich

1 Ergänze in den Lücken passende Wörter aus dem Kasten.

Das Ungeheuer im Keller – ganz schön _____!

Lina lag auf dem Sofa, als sie ein Geräusch hörte.

Es klang _____! Es kam aus dem Keller.

Lina stieg _____ die Treppe hinunter.

Sie zitterte vor Angst, aber sie kam sich ganz

schön _____ vor.

Unten wartete Lina _____.

Da, jetzt hörte sie es wieder! Sie schlich in die Vorratskammer.

Dort sah sie etwas, das war _____: Eine Maus knabberte

Salzstangen aus einer Tüte. Sie schien sehr _____.

Lina lief erleichtert und _____ wieder nach oben.

| ängstlich |
| gefährlich |
| glücklich |
| hungrig |
| lustig |
| mutig |
| schrecklich |
| vorsichtig |

Meine Punkte:

/8

2 Schreibe mit den Adjektiven aus Aufgabe 1 Wortgruppen auf.
Tipp: Schreibe die Adjektive klein.

gefährlich + das Krokodil → _____

schrecklich + der Löwe → _____

vorsichtig + die Katze → _____

mutig + der Spatz → _____

ängstlich + die Maus → _____

lustig + der Affe → _____

hungrig + das Flusspferd → _____

glücklich + der Hund → _____

/8

/16

Meine Gesamtpunktzahl:

von 16

15–16 Punkte: Super!

9–14 Punkte: Das kann ich noch besser. Ich übe weiter!

0–8 Punkte: Ich arbeite die Seiten 60 bis 61 noch einmal durch.

Rechtschreiben: Zeichensetzung

1 Fragezeichen und Punkte sind Satzschlusszeichen.
Ergänze die folgenden Merksätze.

> Nach einem Aussagesatz steht ein _____ .
>
> Nach einem Fragesatz steht ein _____ .

/2

2 Ergänze die fehlenden Punkte und Fragezeichen.

Wie war es im Zirkus _____

Der Clown war richtig lustig _____

Der Löwe sah ganz schön gefährlich aus _____

Wieso habt ihr mich nicht mitgenommen _____

/4

3 Ergänze den folgenden Merksatz.

> Die Wörter einer Aufzählung trennt man durch _____ voneinander.
>
> Ausnahme: Kein Komma vor _____ .

/2

4 Setze die fehlenden Kommas in diesen Aufzählungen.

In der Pause gab es Eis Zuckerwatte Bratwürstchen und Getränke.

Mama Papa Oma Opa und ich gehen in die Abendvorstellung.

/5

5 Ergänze den folgenden Merksatz.

> Vor der wörtlichen Rede kann ein _____ stehen.

/1

6 In den folgenden Sätzen sprechen der Zirkusdirektor und Hanna.
a. Markiere die wörtliche Rede.
b. Markiere den Begleitsatz in einer anderen Farbe.
c. Setze die fehlenden Doppelpunkte und die Anführungszeichen.

Der Zirkusdirektor fragt   Möchte mir jemand helfen?   Hanna springt auf

und ruft   Ja, ich möchte helfen.   Der Zirkusdirektor zeigt auf Hanna

und sagt   Das Mädchen mit dem lila Tuch darf zu mir kommen.

/9

/23

Meine Gesamtpunktzahl: 21–23 Punkte: 10–20 Punkte: 0–9 Punkte:

von 23   Super!   Das kann ich noch   Ich arbeite die Seiten
besser. Ich übe weiter!   66 bis 69 noch einmal durch.

99

Grammatik: Nomen erkennen und verwenden

1 Nomen bezeichnen Lebewesen und Gegenstände.
Markiere die Lebewesen in einer Farbe und
die Gegenstände in einer anderen.

Mütze Ritter Schloss Vogel Mädchen
Hexe Ofen Schwert Mutter Spiegel

Meine
Punkte:

/10

2 Schreibe die Nomen aus Aufgabe 1 in die Tabelle.
Schreibe die Artikel mit auf.

Lebewesen	Gegenstände

/10

3 Vor einem Nomen steht oft ein bestimmter Artikel oder
ein unbestimmter Artikel.
  a. Markiere die Nomen im folgenden Text
  b. Schreibe die Nomen mit ihrem bestimmten oder
     unbestimmten Artikel unter den Text.

/5

DIE SONNE SCHEINT UND ES IST WARM. MICHAEL UND ISA GEHEN
IN DAS SCHWIMMBAD. ER LEGT DAS HANDTUCH HIN. SIE SPIELEN
MIT EINEM BALL UND SCHWIMMEN. DAS WASSER IST NOCH KALT.

/5

4 Schreibe den Plural zu folgenden Nomen auf.

das Brot – _____   der Bauer – _____

das Tier – _____   die Hexe – _____

der Salat – _____   die Kerze – _____

/8

der Fisch – _____   die Schüssel – _____

/38

Meine Gesamtpunktzahl:

von 38

32–38 Punkte:
Super!

20–31 Punkte:
Das kann ich noch
besser. Ich übe weiter!

0–19 Punkte:
Ich arbeite die Seiten
70 bis 73 noch einmal durch.

Grammatik: Adjektive verwenden

Till Eulenspiegel trägt neue Sachen.

> einen gelben Anzug
> eine blaue Kappe
> einen grünen Umhang
> ein violettes Hemd
> einen roten Gürtel
> weiße Strümpfe
> grüne Schuhe

1 Was hat Eulenspiegel alles an?
  a. Ergänze die Sätze.
  b. Markiere die Endungen der Adjektive.

Eulenspiegel hat _____ _____ _____ an.

Auf dem Kopf trägt er _____ _____ _____ .

Um die Schultern trägt Eulenspiegel _____ _____ _____ .

Darunter hat er _____ _____ _____ .

Um den Bauch trägt er _____ _____ _____ .

An den Beinen hat er _____ _____ .

An den Füßen trägt er _____ _____ .

Meine
Punkte:

/14

/7

Grammatik: Präpositionen verwenden

2 Schreibe die richtigen Wortgruppen in die Lücken.

Maria stellt das Buch _____ .

Das Buch steht jetzt _____ .

Der Kalender hängt _____ .

Ronja hat den Kalender _____ gehängt.

Julia hat den Kasten _____ gestellt.

Nun steht der Kasten _____ .

Anton legt einen Merkzettel _____ .

Der Merkzettel steckt _____ .

> in dem Regal
> in das Regal
>
> an der Wand
> an die Wand
>
> neben dem Tisch
> neben den Tisch
>
> in dem Buch
> in das Buch

/4

/25

Meine Gesamtpunktzahl: 21-25 Punkte: 15-20 Punkte: 0–14 Punkte:

von 25   Super!   Das kann ich noch   Ich arbeite die Seiten 74 bis

besser. Ich übe weiter!   75 und 84 bis 85 noch einmal durch.

101

Grammatik: Verben verwenden

1 Schreibe die Verbformen im Präsens auf.

turnen – ich _____   rennen – ihr _____

spielen – du _____   laufen – wir _____

hocken – er _____   essen – sie _____

Meine
Punkte:

☐ /6

2 Schreibe die Verbformen im Präteritum in die Lücken.

Wir _____ ein Klassenfest.
      _{feiern}

Sonja _____ einen großen Nudelsalat.
       _{machen}

Leon _____ viele Witze.
      _{erzählen}

Die ganze Klasse _____ .
            _{lachen}

☐ /4

3 Verbinde die Infinitive mit den Verbformen im Präteritum.

sehen	ich gab
trinken	wir riefen
geben	er lag
schlafen	sie sahen
liegen	ihr trankt
rufen	du schliefst

☐ /6

4 Markiere in jedem Satz die beiden Teile der Verbformen im Perfekt.

Er hat die Wahrheit gesagt. – Wir haben Fußball gespielt. –

Sie haben laut geschrien. – Gestern bin ich im Meer geschwommen. –

Meine Freundin ist auch angekommen. –

Dann sind wir nach Hause gegangen.

☐ /6

5 Einige Verben trennt man im Satz in zwei Teile.
Markiere in den Sätzen die beiden Teile der Verben.

Paul packt sein Deutschheft weg.

Skadi schreibt ihre Hausaufgaben auf.

Ben liest eine Geschichte vor.

☐ /3

☐ /25

Meine Gesamtpunktzahl: 21–25 Punkte: ☺   15–20 Punkte: ☺   0–14 Punkte: ☹

von 25   Super!   Das kann ich noch   Ich arbeite die Seiten

                                               besser. Ich übe weiter!   76 bis 83 noch einmal durch.

Grammatik: Satzglieder verwenden

Meine Punkte:

1 Mit der Umstellprobe kannst du erkennen, welche Wörter zu einem Satzglied gehören. Stelle die folgenden Sätze einmal um.

Familie Sader hat einen sehr vollen Flohmarkttisch.

_____ /1

Nele kauft einen Zauberkasten.

_____ /1

2 Trenne die Satzglieder aus Aufgabe 1 durch senkrechte Striche (…|…). /2

3 Ergänze den folgenden Merksatz.

> Mit _____? fragst du nach dem **Prädikat**.

/1

4 Frage nach den Prädikaten. Umrahme die Prädikate so: ⬭

Max   isst   Brot.   Paul   zählt   sein   Geld.

Anna   blättert   in   ihrem   neuen   Comic-Heft.

/3

5 Ergänze den folgenden Merksatz.

> Mit _____? oder _____? fragst du nach dem **Subjekt**.

/2

6 **a.** Frage nach den Subjekten. Schreibe die Fragen auf.
b. Umrahme die Subjekte so: ⬠

/3
/3

Der Verkaufsstand ist fertig. _____

Ein Junge sucht seine Eltern. _____

Tante Ulrike kommt zum Flohmarkt. _____

7 Mit **Wen?** oder **Was?** und mit **Wem?** fragst du nach einem Objekt.
a. Frage nach den Objekten. Schreibe die Fragen auf.
b. Umrahme die Objekte im Satz so: ☐

/2
/2

Anna   zeigt   der   älteren   Dame   ihr   Puppenhaus.

Wem _____

Wen oder Was _____

/20

Meine Gesamtpunktzahl:
von 20

16–20 Punkte: Super!

11–15 Punkte: Das kann ich noch besser. Ich übe weiter!

0–10 Punkte: Ich arbeite die Seiten 86 bis 89 noch einmal durch.

103

Textquellen

Guggenmos, Josef: Briefe (S. 31). Aus: Josef Guggenmos: Ich will dir was verraten. Weinheim / Basel (Beltz & Gelberg) 1992.

Bildquellen

S. 23: Xaver Klaußner/de.fotolia.com; S. 26: photographee/de.fotolia.com; S. 50: beyond/Bernd Eberle; S. 54: picture-alliance/dpa; S. 62: Jenny Thompson/de.fotolia.com; S. 64: Thomas Schulz, Teupitz; S. 93: Naturfoto/Jiri Bohdal.

Illustrationen

Thomas Binder, Magdeburg: S. 4, 44-45, 48, 56, 58, 60, 61, 65-68
Annette von Bodecker-Büttner, Dresden: S. 36-37, 39-40, 42-43, 46, 70-76, 78, 80-89, 91-92, 101
Carsten Märtin, Oldenburg: S. 6-11, 14-18, 90
Matthias Pflügner, Berlin: S. 23, 25, 27-29
Christa Unzner, Den Haag: S. 30-31, 34-35

Projektleitung: Gabriele Biela, Heike Tietz
Redaktion: Birgitt Brüschke, Kassel
Bildrecherche: Sabine Kaehne

Umschlaggestaltung: Cornelsen Verlag Design/Klein & Halm Grafikdesign, Berlin
Umschlagfoto: JUNOPHOTO, Berlin
Layout und technische Umsetzung: zweiband.media, Berlin

www.cornelsen.de

1. Auflage, 9. Druck 2023

© 2012 Cornelsen Verlag, Berlin
© 2016 Cornelsen Verlag GmbH, Berlin

Druck: Athesiadruck GmbH

ISBN 978-3-06-061677-0

PEFC-zertifiziert
Dieses Produkt
stammt aus
nachhaltig
bewirtschafteten
Wäldern

PEFC
PEFC/18-31-166   www.pefc.de

Doppel-Klick 5

Das Arbeitsheft ➕ Sprachförderung

Lösungen

Seite 6

1 ich, du, er, der Mann, es, das Kind, sie, die Frau, wir, ihr, sie, die Menschen

2 die Menschen – sie, mein Vater – er, meine Mutter – sie, meine Eltern, meine Geschwister und ich – wir, das Baby – es

2 und **3**
„Du", frage ich einen Jungen, „was machst du da?"
„Ich sammle Früchte für sie", sagt er. „Wer sind sie?", frage ich ihn. „Na, sie, die Menschen, mit denen ich zusammenlebe. Da ist mein Vater, er kommt gerade von der Jagd zurück. Und da ist meine Mutter, sie macht Feuer. Sie will das Fleisch im Feuer braten", sagt der Junge. „Und dann esst ihr alle zusammen?", frage ich. „Wir, meine Eltern, meine Geschwister und ich, essen dann alle zusammen", sagt er. „Isst das Baby auch etwas?" „Nein, es bekommt Muttermilch."

Seite 7

1 c. Auf Bild 1 sehe ich Menschen vor *10 000* Jahren.
Ein Mann hält einen *Wolfshund*.
Ein Junge pflückt und isst *Früchte*.
Drei Menschen sitzen vor einer *Höhle*.
Da liegt auch ein totes *Tier*.
Eine Frau macht *Feuer*.

Seite 8

2 b. Auf Bild 2 sehe ich Menschen *viele 1000 Jahre* später.
Eine Frau *mahlt Korn*.
Eine andere *melkt eine Ziege*.
Ein Mann *schert ein Schaf*.
Ein anderer Mann *wässert das Feld*.
Mehrere Männer *holen Wasser*.
Zwei Männer *arbeiten auf dem Feld*.
Zwei Männer und zwei Hunde *hüten Kühe*.

3 b. Ich denke, in dem Text geht es darum, *wie wilde Tiere zu Haustieren wurden*.

Seite 10

5 *Das könntest du aufgeschrieben haben:*
die Menschen lebten in Höhlen, suchten Früchte, Menschen und Wölfe gewöhnten sich aneinander, bauten Getreide auf Feldern an, sie zähmten Ziegen, aus Wildschweinen wurden Hausschweine, aus Wölfen wurden Hunde, Wachhunde, Blindenhunde, Polizeihunde

6 *Das könntest du aufgeschrieben haben:*
vor 10 000 Jahren, Menschen in Höhlen, zogen von einem Ort zum anderen, töteten Tiere, Mensch und Wolf gewöhnten sich aneinander, später bauten sie Getreide

an, wurden sesshaft, lebten in Hütten, zähmten Tiere, viele wilde Tiere wurden zu Nutztieren, am besten versteht sich der Mensch mit dem Hund

7 a. Vor 10 000 Jahren lebten die Menschen in Höhlen. Sie suchten immer nach Essen und zogen von einem Ort zum anderen. Sie suchten Früchte und töteten Tiere.
Wölfe fraßen die Knochen von den Tieren, die die Menschen getötet hatten. Vielleicht gewöhnten sich Menschen und Wölfe so aneinander. Vielleicht zogen Menschen vor 10 000 Jahren auch Wolfsjunge auf. Vielleicht entwickelte sich durch diesen Kontakt zwischen Menschen und Wölfen der Hund.
Viele tausend Jahre später bauten die Menschen Getreide auf Feldern an. Deshalb bauten sie Hütten in der Nähe von den Feldern. Sie blieben dort und wurden sesshaft.
Sie zähmten auch Ziegen, Schafe und Kühe. Diese Tiere lebten mit den Menschen zusammen. Die Tiere gaben Milch und aus der Milch konnten die Menschen Butter und Käse machen. Aus Wildschweinen wurden Hausschweine. Sie lieferten Fleisch und Fett. Aus allen diesen Tieren wurden Nutztiere. Sie nutzten den Menschen. Doch mit keinem anderen Tier verstand sich der Mensch so gut wie mit dem Hund. Das ist auch noch heute so. Heute gibt es auch Wachhunde. Sie bewachen Häuser und Menschen. Heute gibt es Polizeihunde. Sie arbeiten mit Polizisten zusammen. Heute gibt es Blindenhunde. Sie helfen blinden Menschen, den Weg zu finden. Heute leben Hunde als Freunde der Menschen.

7 b. *Das könntest du aufgeschrieben haben:*
Vor 10 000 Jahren, in Höhlen, zogen von einem Ort zum anderen, töteten Tiere, gewöhnten sich Menschen und Wölfe, bauten Getreide an, sesshaft, Hütten, zähmten, Tiere, Nutztiere, versteht, Mensch, mit dem Hund

8 *Das könntest du geantwortet haben:*
Der Text hilft, die Frage von Seite 7 zu beantworten, weil darin steht, dass viele wilde Tiere von Menschen gezähmt wurden. Sie lebten mit den Menschen zusammen und gewöhnten sich so an sie.

Seite 11

10 *So könnten deine Überschriften lauten:*
1. Menschen vor 10 000 Jahren
2. Wölfe gewöhnen sich an Menschen und werden zu Haushunden
3. Menschen wurden sesshaft
4. Menschen zähmten Tiere
5. Hunde als Freunde der Menschen

11 *Diese Schlüsselwörter könntest du notiert haben:*
1. vor 10 000 Jahren, in Höhlen, suchten nach Essen, töteten Tiere, zogen von einem Ort zum anderen
2. Wölfe, gewöhnten sich Wölfe und Menschen, zogen Wolfsjunge auf, entwickelte sich der Hund
3. viele tausend Jahre, bauten Getreide auf Feldern an, Hütten, sesshaft
4. zähmten, Ziegen, Schafe und Kühe, Wildschweine, Hausschweine, Nutztiere, verstand sich, Mensch, mit dem Hund
5. auch heute noch, Wachhunde, Polizeihunde, Blindenhunde, leben Hunde als Freunde der Menschen

12 Wolfsjunge
Blindenhund
Wildschweine
Polizeihund

Seite 12

13 Ein Wolfsjunges ist ein Junges vom Wolf.

14 a. Z. 26: Sie nutzten den Menschen.

14 b. Nutztiere sind Tiere, die den Menschen nutzen.

16 Vor 10 000 Jahren *zogen* die Menschen von einem Ort zum anderen. Sie suchten nach Essen: Sie suchten *Früchte* und töteten *Tiere*. Die Menschen waren noch nicht *sesshaft*. Später bauten die Menschen *Hütten*. Denn sie bauten *Getreide* auf Feldern an. Die Menschen wurden *sesshaft*. Sie zähmten auch Tiere: *Ziegen, Schafe, Schweine* und *Kühe*. Diese Tiere gaben Milch oder lieferten Fleisch. Sie nützten den Menschen, es waren *Nutztiere*. Auch Hunde lebten mit den Menschen zusammen. Sie waren aber keine Nutztiere, die Milch oder Fleisch lieferten. Sie wurden zu *Freunden* des Menschen. Das ist auch heute noch so. Sie *bewachen* Häuser und Menschen. Sie arbeiten mit Polizisten zusammen. Sie *helfen* blinden Menschen.

Seite 13

2 b. Menschen in der Steinzeit trugen Kleidung aus Fell. – Es gab keine Kleidung aus Stoff.
Sie ernteten das Getreide, mahlten das Getreide und backten Brot. – Es gab keinen Bäcker.
Sie jagten Tiere. – Es gab keinen Schlachter.
Sie machten offenes Feuer zum Kochen und Braten. – Es gab keinen Küchenherd mit Gas oder Strom.
Sie brauchten das Feuer auch zum Wärmen. – Es gab keine Zentralheizung.
Sie melkten ihre Kühe und Ziegen selbst. – Es gab keine Milch im Karton.
Sie sammelten Früchte. – Es gab keinen Obsthändler.

3 Menschen in der Steinzeit trugen Kleidung aus Fell, denn es gab keine Kleidung aus Stoff.
Sie ernteten das Getreide, mahlten das Getreide und backten Brot, denn es gab keinen Bäcker.
Sie jagten Tiere, denn es gab keinen Schlachter.
Sie machten offenes Feuer zum Kochen und Braten, denn es gab keinen Küchenherd mit Gas oder Strom.

Sie brauchten das Feuer auch zum Wärmen, denn es gab keine Zentralheizung.
Sie melkten ihre Kühe und Ziegen selbst, denn es gab keine Milch im Karton.
Sie sammelten Früchte, denn es gab keinen Obsthändler.

Seite 14

2 b. der Singular (die Einzahl):
1 ➜ ein Liter Milch
1 ➜ ein Stück Butter
1 ➜ eine Zitrone

der Plural (die Mehrzahl):
2 ➜ zwei Brötchen
3 ➜ drei Becher Jogurt
12 ➜ zwölf Eier

3 Ich kaufe einen Liter Milch, zwei Brötchen, drei Becher Jogurt, ein Stück Butter, zwölf Eier, eine Zitrone.

Seite 16

2 Welche beiden wichtigen Personen spielen in der Bildergeschichte mit? – *Vater und Tim.*
Welche von beiden ist die Hauptperson? – *Tim.*
Was soll Tim tun? – *Er soll einkaufen.*

3 b. Der Vater sagt: „Kaufe bitte *einen Liter* Milch, *zwei Brötchen, drei Becher* Jogurt, *ein Päckchen* Butter, *zwölf* Eier und *eine Zitrone.*"

4 Auf der Straße sieht Tim *einen Hund* und *eine Frau.*

5 a. und **b.**
Die Frau winkt freundlich.
Der Hund wedelt mit dem Schwanz.

Seite 17

6 c. und **d.**
Fische schwimmen im Aquarium.
Mäuse laufen im Schaufenster.
Ein Papagei sitzt auf einer Schaukel.
Eine Spinne hängt an der Decke.
Ein Kaninchen sitzt im Käfig.

7 b. Auf der anderen Straßenseite sind drei Fenster.
Auf der linken Fensterbank sitzt eine Katze.
Aus dem rechten Fenster sieht eine Frau.
Im mittleren Fenster stehen zwei Blumentöpfe.
Ein Blumentopf liegt auf der Straße.
Plötzlich sieht Tim ein Mädchen.
Es spielt Fußball.

Seite 18

8 a. und **b.**
zwei Brötchen oder *zwölf* Brötchen?
einen Liter Milch oder *drei* Liter Milch?
zwei Päckchen Butter oder *ein* Päckchen Butter?
drei oder *zwei* Becher Jogurt?
zwei oder *zwölf* Eier?
eine Zitrone oder *zwei* Zitronen?

9 „Da liegen ja *zwei* Eier. Wir brauchen aber *zwölf*.
Da sind *zwölf* Brötchen. Wir brauchen aber *zwei*.
Da sind *drei* Liter Milch. Wir brauchen aber nur *einen*.
Da liegt *ein* Päckchen Butter. Das ist richtig.
Da liegt *eine* Zitrone. Das ist auch richtig.
Da stehen *zwei* Becher Jogurt. Wir brauchen aber *drei*.“

10 *Der Vater denkt*: Das nächste Mal gebe ich
einen Einkaufszettel mit.
Tim denkt: Das nächste Mal passe ich besser auf.

Seite 19 und 20

1 und **3**
*So könnte dein Text aussehen: (Die Sätze mit den Ziffern
am Anfang gehören zu Aufgabe 3)*
Der Vater möchte, dass Tim einkauft. Er sagt: „Kaufe
bitte einen Liter Milch, zwei Brötchen, drei Becher Jogurt,
ein Stück Butter, zwölf Eier und eine Zitrone.“
Tim geht los.
Auf der Straße sieht Tim einen Hund und eine Frau.
① Tim denkt: Oh, da ist ja Bello!
Nun bleibt Tim vor einer Zoohandlung stehen. Er staunt.
Fische schwimmen im Aquarium. Mäuse laufen
im Schaufenster. Ein Papagei sitzt auf einer Schaukel.
Eine Spinne hängt an der Decke. Ein Kaninchen sitzt
im Käfig. ② Tim denkt: Ich möchte gerne ein Kaninchen
haben!
Tim geht weiter. Es gibt so viel zu sehen.
Auf der anderen Straßenseite sind drei Fenster.
Auf der linken Fensterbank sitzt eine Katze.
Aus dem rechten Fenster sieht eine Frau.
Im mittleren Fenster stehen zwei Blumentöpfe.
Ein Blumentopf liegt auf der Straße. Plötzlich sieht Tim
ein Mädchen. Es spielt Fußball. ③ Hat das Mädchen
den Blumentopf mit dem Ball getroffen?
Dann steht Tim vor dem Supermarkt. Er überlegt.
Wie viel soll ich kaufen? Zwei oder zwölf Brötchen?
Einen Liter Milch oder drei Liter Milch? Zwei Stück Butter
oder ein Stück Butter? Drei oder zwei Becher Jogurt?
Zwei oder zwölf Eier? Eine Zitrone oder zwei Zitronen?
Zu Hause gibt es dann ein Problem. Der Vater ruft:
„Da liegen ja zwei Eier. Wir brauchen aber zwölf.
Da sind zwölf Brötchen.“ ④ Tim denkt: Oh, so viele
Brötchen! „Wir brauchen aber zwei.
Da sind drei Liter Milch. Wir brauchen aber nur einen.
Da liegt ein Stück Butter. Das ist richtig.
Da liegt eine Zitrone. Das ist auch richtig. Da stehen
zwei Becher Jogurt. Wir brauchen aber drei.“
Der Vater denkt: Das nächste Mal gebe ich
einen Einkaufszettel mit.
Tim denkt: Das nächste Mal passe ich besser auf.

2 *Das könntest du aufgeschrieben haben:*
Durcheinander beim Einkauf

Seite 21

1 a. und b.
Fische (schwimmen) im Aquarium.
Im Aquarium (schwimmen) Fische.

2 Das Prädikat (schwimmen) ist an der zweiten Stelle
geblieben.

3 a. Ein Papagei (sitzt) auf einer Schaukel.
Eine Spinne (hängt) an der Decke.
Ein Kaninchen (sitzt) im Käfig.

3 b. Im Schaufenster laufen Mäuse.
Auf einer Schaukel sitzt ein Papagei.
An der Decke hängt eine Spinne.
Im Käfig sitzt ein Kaninchen.

4 In einem Satz mit Punkt steht das Verb
an der *zweiten* Stelle.

Seite 22

2 a. und b.
1 das Baumkänguru
2 der Fischotter
3 das Flusspferd
4 die Säbelantilope
5 der Schneeleopard
6 die Vogelspinne

3 das Baumkänguru: der Baum + das Känguru
der Fischotter: der Fisch + der Otter
das Flusspferd: der Fluss + das Pferd
die Säbelantilope: der Säbel + die Antilope
der Schneeleopard: der Schnee + der Leopard
die Vogelspinne: der Vogel + die Spinne

4 Der *Ameisenbär* ist kein Bär. Er gehört aber auch
zu den Säugetieren. Er heißt Ameisenbär,
weil er *Ameisen* frisst.

Seite 23

2 a. Es fehlt der Streifen.

Seite 24

5 a. Überschrift: Name
1. Absatz: Heimat
2. Absatz: Lebensraum
3. Absatz: Größe
4. Absatz: Aussehen
5. Absatz: Ernährungsweise
6. Absatz: Fortpflanzung und Nachwuchs

5 c. *So könnte deine Lösung aussehen:*
Der Ameisenbär ist in Mittel- und Südamerika zu Hause.
Dort kommt er von Mexiko bis nach Paraguay vor.

Er lebt in Savannen und Wäldern, ist aber auch
an Flussufern zu finden. Er gräbt Erdhöhlen, in denen er
sich vor seinem Feind, zum Beispiel einem Jaguar,
versteckt. Der Ameisenbär ist friedlich und flüchtet
lieber, anstatt anzugreifen.

Er hat einen großen Körper, einen kleinen Kopf
mit einer dünnen, langen Schnauze. Das Tier erreicht
eine Länge von 100 bis 120 cm.

An Hals und Schulter verläuft ein schwarzer Streifen. Sein Vorderkörper hat graues Fell. Die weiße Zeichnung an den Vorderbeinen ist auffällig. Sein buschiger Schwanz ist dunkelgrau gefärbt. Er hat vier kräftige, jedoch kurze Beine. An seinen Vorder- und Hinterfüßen befinden sich lange Krallen an den fünf Zehen.

Seine Nahrung besteht aus Ameisen, die er mit seiner Zunge aus den Gängen der Ameisenbauten herausholt. Man erkennt an seiner Schnauze einen kleinen Mund. Er besitzt keine Zähne, hat dafür jedoch eine lange, klebrige Zunge.

Das Weibchen bekommt meist nur ein Junges und dieses wird gesäugt. Der Ameisenbär gehört nicht zu den Bären, ist jedoch auch ein Säugetier.

Seite 25

7 *So könnte deine Lösung aussehen:*

Hauptstichwörter	Beschreibung
Name:	*Der Große Ameisenbär*
Heimat:	*Mittel- und Südamerika*
Lebensraum:	*Savanne, Wälder, Flussufer, gräbt Erdhöhlen*
Größe:	*wird bis 120 cm lang*
Aussehen:	*Vorderkörper graues Fell, Hals und Schulter: schwarzer Streifen, Vorderbeine: weiße Zeichnung, buschiger Schwanz, kurze Beine, lange Krallen*
Ernährungsweise:	*holt Ameisen mit langer klebriger Zunge aus Ameisenbauten*
Fortpflanzung und Nachwuchs:	*ein Junges, wird gesäugt*

Seite 26

2 *Zweifingerfaultier*

3 Diese Art Faultier heißt Zweifingerfaultier, weil es nur zwei *Krallen* besitzt. Es hat den Namen Faultier, weil sich das Tier nur wenig bewegt und deshalb *faul* wirkt.

4 Es lebt in Südamerika und hängt an Bäumen.

5 b. *Diese Wörter könntest du markiert haben:*
1: Zweifingerfaultier, Zahnarmen
2: Regenwald, Südamerika
3: bis zu 75 cm
4: bis zu 6 kg
5: graubraunes Fell, vier Beine mit jeweils zwei Krallen
6: Blätter, Früchte, Insekten
7: ein Jungtier, säugt
8: schläft, nachtaktiv, langsam, in Bäumen

Seite 27

8 a. und b.
Das Zweifingerfaultier
Das Zweifingerfaultier gehört zu *den Zahnarmen.*
Der Regenwaldbewohner lebt *in den tropischen Regenwäldern Südamerikas.*
Das Wildtier misst *bis zu 75 cm.*
Es wiegt *bis zu 6 kg.*
Das getarnte Tier hat *ein graubraunes Fell.*
Es besitzt *je zwei Krallen zum Festhalten an den Ästen.*
Der Vierbeiner frisst *nur wenig, überwiegend Blätter, Früchte und Insekten.*
Das Muttertier bekommt *meist nur ein Junges.*
Es *säugt sein Junges.*
Das Tier schläft *20 Stunden am Tag und ist nachtaktiv.*
Das Faultier bewegt sich *sehr langsam.*
Der Baumbewohner befindet sich *die meiste Zeit in den Ästen von Bäumen.*

Seite 28

9 Die Beine und Krallen sind *lang.*
Das Fell ist *braun* und *flauschig.*
Die Nase ist *braun.*
Die Augen sind *klein.*
Der Kopf ist *rund.*
Der Körper ist *biegsam.*

10 a. und b.
Das Faultier besitzt einen runden Kopf.
Es hat ein braunes und flauschiges Fell.
Der Baumbewohner besitzt lange Beine und Krallen.
Das Wildtier hat kleine Augen.
Der Vierbeiner besitzt eine braune Nase.
Das Tier hat einen biegsamen Körper.

Seite 29

2 a. Ich suche meine Katze Mixi. Sie hat ein kariertes Fell und blaue Pfoten. Mixi hat flauschige Augen und trägt ein graues Halsband. Wer meine riesengroße Katze findet, bekommt eine niedliche Belohnung. (Sam, Tel.: 6875)

3 graue Augen
ein flauschiges Fell
ein blaues Halsband
weiße Pfoten

4 Ich suche meine Katze Mixi.
Sie hat ein flauschiges graues Fell und weiße Pfoten.
Mixi hat blaue Augen und trägt ein kariertes Halsband.
Wer meine niedliche Katze findet, bekommt eine riesengroße Belohnung.
(Sam, Tel.: 6875)

Seite 30

1 a. und b. und c.
„Bring Asli bitte ein neues Taschentuch!"

2 a. und b. und c.
„Sei so lieb und bring Asli erst einmal eine Serviette!"
„Orkan, vergiss bitte nicht, deiner Mutter zu sagen,
dass wir neue Taschentücher brauchen."

3 a. und b.
Sag ihm bitte, dass ich einen Brieffreund suche.
Vergiss bitte nicht, zu erzählen, dass ich Briefe toll finde.
Sei so lieb, bring den Brief bitte zu einem Freund.

Seite 31

1 Sei so lieb, bring den Brief, den ich schrieb, irgendwem,
der dir gefällt, irgendwo auf der Welt. (Zeile 3–9)
Doch vergiss nicht, sag dem Wesen: Ich mag auch gern
Briefe lesen! (Zeile 10–12)
Sag ihm ja, dass es mir ganz schnell schreiben soll!
(Zeile 13–15)

2 a. ☒ Bring den Brief irgendwem!
☒ Sag, ich mag auch gerne Briefe lesen!
☒ Jemand soll mir ganz schnell schreiben.

2 b. *Sprechblase 1*: Bring den Brief irgendwem!
Sprechblase 2: Sag, ich mag auch gerne Briefe lesen!
Sprechblase 3: Jemand soll mir ganz schnell schreiben.

Seite 32

1 1 der Ort, das Datum
2 die Anrede
3 der Text
4 der Gruß
5 die Unterschrift

2 b. Straußdorf, 30. Juni – der Ort, das Datum
Hallo du! – Anrede
Ich möchte mich kurz vorstellen ... – der Text
Viele liebe Grüße – der Gruß
Deine *Mausa Pfiff* – die Unterschrift

2 c. 1 Straußdorf, 30. Juni
2 Hallo du!
3 Ich möchte mich kurz vorstellen. Mein Name ist Mausa
Pfiff. Ich bin ein Jahr alt. Meine Haare sind kurz und grau.
Ich trage gern gelbe T-Shirts. Meine Hobbys sind
Wettrennen und lautes Pfeifen. Willst du mir schreiben?
Hier ist meine Adresse: Mausa Pfiff, Mausweg 81,
00378 Straußdorf.
4 Viele liebe Grüße
5 Deine *Mausa Pfiff*

3   Straußdorf, 30. Juni
Hallo du!
Ich möchte mich kurz vorstellen. Mein Name ist Mausa
Pfiff. Ich bin ein Jahr alt. Meine Haare sind kurz und grau.
Ich trage gern gelbe T-Shirts. Meine Hobbys sind
Wettrennen und lautes Pfeifen. Willst du mir schreiben?
Hier ist meine Adresse: Mausa Pfiff, Mausweg 81,
00378 Straußdorf.
Viele liebe Grüße
Deine *Mausa Pfiff*

Seite 33

2 *Das könntest du aufgeschrieben haben:*
Hallo, pfiffige Mausa!

3 b. *Das könntest du von dir erzählt haben:*
Ich bin groß und trage gern gelbe T-Shirts.
Mein Name ist Garfield.
Ich habe kurze, braune Haare.
Meine Hobbys sind Essen und Schlafen.

3 c. 1 Mein Name ist Garfield.
2 Ich habe heute deinen Brief bekommen und will dir
gerne sofort antworten.
3 Ich habe kurze, braune Haare.
4 Ich bin groß und trage gern gelbe T-Shirts.
5 Meine Hobbys sind Essen und Schlafen.
6 Willst du meine Brieffreundin werden?

4 *So könnte dein Gruß lauten:*
Tschüs!

Seite 34

1 b. *Angaben zum Empfänger:*
der Name, die Straße, die Hausnummer, die Postleitzahl,
der Ort

1 c. *Angaben zum Absender:*
der Name, die Straße, die Hausnummer, die Postleitzahl,
der Ort

2 b. Mausa Pfiff
Mausweg 81
00378 Straußdorf

Seite 35

1 a. mich – dich, mir - dir

1 b. *mich* reimt sich auf *dich*, *mir* reimt sich auf *dir*.

3 Ich schreibe dir – du schreibst *mir*.
Du antwortest mir – ich antworte *dir*.
Ich mag dich – magst du *mich*?
Schreibst du mir – so schreibe ich *dir*!
Du grüßt mich – ich grüße *dich*.
Ich kenne dich – du kennst *mich*.

Seite 36

1 war – sein, ging – gehen, schlug – schlagen,
sah – sehen, stiegen – steigen, sprach – sprechen,
schloss – schließen, verließen – verlassen,
ritten –reiten

2 b. *Diese Verbformen im Präteritum findest du im Text:*
kletterte, ging, sagte, betrat, sah, war, befanden, lud,
hinausging, vergaß, war, lebte

2 a. Es waren einmal zwei Königssöhne,
die auf Wanderschaft gingen. Der dritte Königssohn,
der jüngste, blieb im Schloss. Er wurde Dummling
genannt. Es verging eine lange Zeit, aber
die zwei Königssöhne kamen nicht nach Hause zurück.
Da machte sich Dummling auf die Suche
nach seinen Brüdern und fand sie endlich auch.
Sie zogen alle drei miteinander fort und
kamen an einen Ameisenhaufen. Die zwei Ältesten
wollten ihn aufwühlen, aber Dummling sagte:
„Lasst die Tiere in Frieden, ich leid's nicht, dass ihr
sie stört." Dann kamen sie an einen See mit Enten.
Die zwei Brüder wollten die Enten fangen, aber
Dummling sprach wieder: „Lasst die Tiere in Frieden,
ich leid's nicht, dass ihr sie tötet." Schließlich kamen sie
an ein Bienennest voller Honig. Die zwei wollten Feuer
unter dem Baum legen. Dummling aber sprach:
„Lasst die Tiere in Frieden, ich leid's nicht, dass
ihr sie verbrennt." Am Abend kamen die drei Brüder
an ein Schloss. In den Ställen standen steinerne Pferde,
kein Mensch war zu sehen. Sie fanden eine Tür
mit drei Schlössern. Dort saß ein graues Männlein.
Sie riefen es einmal, zweimal, dreimal. Dann stand es
auf und kam zu ihnen. Stumm führte das Männlein
die drei zu einem reich gedeckten Tisch.
Als sie gegessen hatten, brachte es die Brüder
in ihre Schlafgemächer.
Am anderen Morgen führte das graue Männlein
die Königssöhne zu einer steinernen Tafel.
Darauf stand: „Wollt ihr das Schloss erlösen, so müsst
ihr drei Aufgaben erfüllen. Zuerst sammelt im Wald
die tausend Perlen der Königstochter ein.
Doch wem vor Sonnenuntergang noch eine einzige fehlt,
der wird zu Stein." Der Älteste machte sich sofort
ans Werk. Doch am Abend hatte er nur hundert Perlen
gesammelt und wurde zu Stein. Der Zweite fand
am folgenden Tag nur zweihundert Perlen und wurde
auch zu Stein. Nun kam Dummling an die Reihe.
Es war aber so schwer, die Perlen zu finden. Da setzte
er sich auf einen Stein und weinte. Und wie er so saß,
kam der Ameisenkönig, dem er einmal das Leben
gerettet hatte, mit fünftausend Ameisen. Die Ameisen
fanden bis zum Abend alle 1000 Perlen und legten sie
auf einen Haufen.
Nun musste Dummling die zweite Aufgabe lösen:
Auf dem Grunde des Sees lag der Schlüssel
zur Schlafkammer der Königstochter ...

2 b. *Diese Wörter oder Sätze könntest du notiert haben:*

Merkmale von Märchen	„Die Bienenkönigin"
der Märchenanfang	Es waren einmal zwei Königssöhne ...
besondere Figuren und besondere Orte	Schloss, Königssöhne, steinerne Pferde, graues Männlein, Königstochter, Ameisenkönig
Sprüche	„Lasst die Tiere in Frieden, ich leid's nicht, dass ihr sie stört.", „Lasst die Tiere in Frieden, ich leid's nicht, dass ihr sie tötet.", „Lasst die Tiere in Frieden, ich leid's nicht, dass ihr sie verbrennt.", „Wollt ihr das Schloss erlösen, so müsst ihr drei Aufgaben erfüllen."
schwierige Aufgaben, die gelöst werden müssen	Zuerst sammelt im Wald die tausend Perlen der Königstochter ein. Auf dem Grunde des Sees lag der Schlüssel zur Schlafkammer der Königstochter ...
besondere Zahlen	drei Brüder, drei Schlösser, drei Aufgaben, sie riefen es einmal, zweimal, dreimal
Helfer	Ameisenkönig

3 *Das könntest du aufgeschrieben haben:*
Wer half Dummling, den Schlüssel im See zu finden?
die Enten
Was war die dritte Aufgabe? Wer half?
*einen Zaubernektar suchen, die Bienen halfen,
der Zaubernektar verwandelte die Bienenkönigin
in die Königstochter und die konnte das Schloss erlösen*
Dummling erfüllte alle drei Aufgaben.
Welche Belohnung er bekam er?
*seine Brüder wurden wieder zurück verwandelt und
Dummling heiratete die Königstochter*
Schlusssatz:
*Dummling lebte glücklich mit der Königstochter
im Schloss und seine zwei Brüder kehrten
nach Hause zurück.*

1 a. und b.
~~wohnt~~ *wohnte*, ~~hinaufblickt~~ *hinaufblickte*,
~~zaubert~~ *zauberte*, ~~geht~~ *ging*, ~~lebt~~ *lebte*, ~~sattelt~~ *sattelte*,
~~macht~~ *machte*, ~~kommt~~ *kam*, ~~ruft~~ *rief*, ~~blickt~~ *blickte*,
~~ruft~~ *rief*, ~~tut~~ *tat*, ~~sagt~~ *sagte*, ~~tut~~ *tat*, ~~stürzt~~ *stürzte*,
~~herausguckt~~ *herausguckte*, ~~bindet~~ *band*,
~~befestigt~~ *befestigte*, ~~steigt~~ *stieg*, ~~reitet~~ *ritt*, ~~sieht~~ *sah*

2 *Diese Sätze könntest du aufgeschrieben haben:*
Der Ziegenreiter hat eine *braune Ziege.*
Der Ziegenreiter *hält einen grauen Sattelgurt.*
Die Hexe *hat eine dicke Nase.*
Die Hexe *trägt ein blaues Kopftuch.*
Der König *trägt eine goldene Krone.*
Der König *hat ein silbernes Schwert.*

1 c. Wörter mit ie: Biene, Bier, Brief, Dieb, Fieber, Liebe, Miete, Papier, Tier, Ziel

2 Ich erkenne in den ausgemalten Feldern eine Ziege.

3 b. *Hier sind die fehlenden i-Punkte grau markiert.*
Wenn hinter sieben Fliegen sieben Fliegen fliegen, fliegen sieben Fliegen sieben Fliegen hinterher.

4 sieben

1 a. Der Himmel war grau und bedeckt. Es war kalt und der Schnee lag sehr hoch. Ein armer Junge musste hinausgehen und Brennholz suchen. Er öffnete die Tür. Der Wald war verschneit. Ein scheues Reh und ein kleiner Hase schauten zu, wie er das Holz suchte. Als der Junge genug gefunden hatte, wollte er sich ein bisschen wärmen und ein Feuer machen. Der Schnee musste weggeschaufelt werden. Aber was war das?

1 b. der Himmel, der Schnee, ein Junge, das Brennholz, die Tür, der Wald, ein Reh, ein Hase, das Holz, der Junge, ein Feuer, der Schnee

2 a. und b.
eine schöne Kette – eine Kette
eine alte Flasche – eine Flasche
eine schmutzige Decke – eine Decke
ein spitzer Nagel – ein Nagel
ein kleiner Zwerg – ein Zwerg
ein dicker Käfer – ein Käfer
eine lange Schlange – eine Schlange

3 a. *Diese Nomen könntest du markiert haben:*
Schlüssel, Kiste, Kiste, Schloss, Schlüssel, Schloss, Junge, Kiste, Feuer, Zettel, Feuer, Junge, Kiste, Haus, Feuerholz

3 b. Dort lagen ein Schlüssel und eine Kiste.
Die Kiste war klein. Sie hatte ein Schloss.
Der Schlüssel passte in das Schloss.
Der Junge öffnete die Kiste und ein kleines Feuer kam heraus.

Daneben lag ein roter Zettel. Auf ihm stand, wie man das Feuer anmachen und ausmachen konnte. Der Junge nahm die Kiste mit in das Haus. Er brauchte niemals mehr das Feuerholz suchen.

4 a. und b.
So lebte *der* Junge glücklich in seinem *Haus.* Eines Tages traf *er* ein *junges Mädchen.* Der glückliche *Junge* erzählte ihr von der *seltsamen Kiste* und dem *Feuer.* Das Mädchen wollte ihm *nicht* glauben. *Sie* gingen zusammen zur *Hütte.* Das Mädchen war begeistert und blieb *bei* dem Jungen.

1 Luna telefoniert nicht gern.

2 liegt, miese, Sie, verliebt, wie, sie, sie, sie, lieber, telefoniert, sie, Brief, schwierig, sie, probieren, Papier, Dies, Liebesbrief, sie, zufrieden

3 b. die Liebe – verliebt, liegen – sie liegt, mies – miese Laune, wie, lieber, telefonieren – sie telefoniert, der Brief – der Liebesbrief, schwierig, probieren – sie probiert, das Papier, dies, zufrieden

4 a. und b.
mies – dies, Liebe – Diebe, sie – wie, liegen – wiegen, Fieber – lieber

5 Giovanna ist krank. Sie hat Schnupfen und *Fieber.*
Heute war ein doofer Tag. Meine Laune ist *mies.*
Jemand hat Emmas Fahrrad gestohlen. Nun sucht die Polizei die *Diebe.*
Äpfel esse ich nicht so gern. Ich mag Birnen *lieber.*
Lea und Ali mögen sich sehr. Das ist keine Freundschaft, sondern *Liebe.*
Ich freue mich so auf den Urlaub. Da will ich baden und am Strand *liegen.*

1 ☒ Jonas fragt, ob er mitspielen darf.

2 a. und b.
Fußballfreunde, heiß, dreißig, fleißig, Straße, Fußball, draußen, begrüßt, heiße, Anstoß

3 Fußball in der Sommerhitze
Heute herrschen fast *dreißig* Grad. Obwohl es so *heiß* ist, hat Jonas *fleißig* Mathe geübt. Nun hört er andere Kinder auf der *Straße.* Jonas nimmt seinen *Fußball* und geht nach *draußen.* Dort *begrüßt* er die Kinder: „Hi, ich *heiße* Jonas", sagt er.

4 a. und b.
fleißig – dreißig, außen – draußen, die Straße –
die Maße, der Fuß – der Gruß, heißen - beißen,
groß – bloß

5 a. und b. und c.
der Gruß – die Grüße
die Soße – die Soßen
die Straße – die Straßen
der Strauß – die Sträuße

6 klein – *groß*   faul – *fleißig*
schwarz – *weiß*   sauer – *süß*

2 b. und c.
allein, die Ampel, die Äpfel, die Ecke, die Eltern,
die Ente, der Essig, immer, innen, die Insel, irren,
offen, öffentlich, der Onkel, die Ulme, die Unke,
unten, untersuchen

3 b. allein, der Essig, immer, innen, irren, offen, öffentlich

4 die Ampel, die Äpfel, die Ecke, die Eltern, die Ente,
die Insel, der Onkel, die Ulme, die Unke, unten,
untersuchen

6 b. und c.
der Biss, das Blatt, das Glück, die Katze, die Mutter,
die Mütze, packen, rennen, der Rock, plötzlich, der Sitz,
der Wecker, die Welle, der Zucker, der Platz

6 d.

ll, nn, ss, tt	ck	tz
der Biss	das Glück	die Katze
das Blatt	packen	die Mütze
die Mutter	der Rock	der Platz
rennen	der Wecker	plötzlich
die Welle	der Zucker	der Sitz

7 b. und c.
der Ball – die Bälle, der Mann – die Männer,
die Klasse – die Klassen, das Bett – die Betten,
die Decke – die Decken, der Satz – die Sätze

1 Zwei Kinder stoßen mit den Köpfen zusammen und
versinken im Wasser.

2 *Im Text stehen diese Wörter mit ll, mm, nn, ss, tt:*
Sonne, wollen, schwimmen, können, Wasser, rennen,
Mitte, klettern, immer, dann, passiert, Unfall, zusammen,
Wasser, kommt, schnell, Wasser, muss, retten, kann,
allein, schwimmen

3 a. und b. und c.
ll: wollen, der Unfall, schnell, allein
mm: schwimmen, immer, zusammen, kommt
nn: die Sonne, können, rennen, dann, kann
ss: das Wasser, passiert, muss
tt: die Mitte, klettern, retten

4 allein, dann, immer, kann, klettern, kommt, können,
Mitte, muss, passiert, rennen, retten, schnell,
schwimmen, Sonne, Unfall, Wasser, wollen, zusammen

5 a. und b. und c.
der Ball – die Bälle, das Lamm – die Lämmer,
die Kanne – die Kannen, die Tasse – die Tassen,
der Schritt – die Schritte

6 das Blatt – die Blätter, die Tonne – die Tonnen,
das Fell – die Felle, die Stimme – die Stimmen,
das Gewitter – die Gewitter, der Keller – die Keller,
der Tunnel – die Tunnel, die Klasse – die Klassen,
der Pass – die Pässe

7 Der Bademeister *muss* das eine Kind retten. Das andere
Kind *muss* seine Beule kühlen. Die Badegäste *müssen* sich
von dem Schreck erholen. Der Bademeister gibt
Anweisungen: „Du *musst* noch ein Kühlkissen holen.
Ihr Kinder *müsst* besser aufpassen. Wir *müssen*
das Schubsen auf der Badeinsel verbieten."

1 Als die beiden Jungen am nächsten Morgen aufwachen,
erblicken sie an der Wand die erlegten Mücken in Form
eines Herzens.

2 a. und b.
Im Text sind diese Wörter mit ck:
schreckliche, glücklich, verstecken, dicken, locken,
Mücken, Bettdecken, stecken, Mückenstiche,
schrecklich, erblicken, Mücken

4 Bettdecken, dicken, erblicken, glücklich, locken, Mücken,
Mückenstiche, schrecklich, stecken, verstecken

5 a. und b.
wecken – der Wecker – aufwecken
das Frühstück – der Frühstückstisch – frühstücken
erschrecken – schrecklich – der Schreck
die Decke – abdecken – zudecken
stecken – die Steckdose – verstecken

6 a. und b.
das Glück – glücklich, glücken, der Glücksbringer,
das Glücksgefühl, der Glückspilz, der Glückwunsch,
glücklicherweise

6 c. *So könnten deine Sätze aussehen:*
Glücklicherweise fangen die Ferien bald an.
In den Ferien bin ich glücklich.
Er ist ein Glückspilz.
Sie gratuliert ihm und sagt: „Herzlichen Glückwunsch!"

1 Lea macht andauernd Witze über Thorben. Sie verletzt ihn mit Worten.

2 a. und b. und c.
Diese Wörter mit tz findest du im Text:
Witze, verletzt, Pfütze, Satz, plötzlich, schmutzig, jetzt, trotzdem, fortsetzen

3 der Witz, die Pfütze, der Satz

4 sitzen: *ich sitze, du sitzt, er/sie/es sitzt, wir sitzen, ihr sitzt, sie sitzen*
putzen: *ich putze, du putzt, er/sie/es putzt, wir putzen, ihr putzt, sie putzen*
beschützen: *ich beschütze, du beschützt, er/sie/es beschützt, wir beschützen, ihr beschützt, sie beschützen*

5 Die Kinder *sitzen* in der Klasse 5 b an Gruppentischen.
Heute sollen alle die Plätze tauschen.
Die Lehrerin verteilt die Plätze neu.
Sie sagt: „Thorben *sitzt* jetzt neben Serdar.
Lea und Elisa, ihr *sitzt* am Fenster."
Timo sagt: „Serdar und ich, wir *sitzen* aber immer zusammen."
Serdar meint zu Timo: „Ich *sitze* neben Thorben und du *sitzt* mir gegenüber."

6 b. sitzen – spritzen, zuletzt – verletzt – besetzt – jetzt, die Witze – die Spritze, die Katze – die Tatze, der Platz – der Spatz, die Mütze – die Pfütze, verletzen – fortsetzen, schmutzig – putzig

1 Die Hände müssen dabei ruhig auf dem Rücken bleiben.

2 a. *Diese Adjektive mit -ig findest du im Text:*
lustig, hungrig, hastig, ruhig, schmutzig

2 b. lustig, hungrig, hastig, ruhig, schmutzig

3 der Wind – *windig*, das Gift – *giftig*,
der Schmutz – *schmutzig*, der Staub – *staubig*,
der Fleiß – *fleißig*, der Mut – *mutig*

4 windig + der Tag: *der windige Tag*
schmutzig + die Hose: *die schmutzige Hose*
mutig + das Mädchen: *das mutige Mädchen*
giftig + der Apfel: *der giftige Apfel*

1 Um Mitternacht stand ein Monster vor ihm.

2 a. *Diese Adjektive mit -lich findest du im Text:*
schrecklich, ähnlich, hässlich, gefährlich, ängstlich, glücklich

2 b. schrecklich, ähnlich, hässlich, gefährlich, ängstlich, glücklich

3 das Glück – *glücklich*, die Schrift – *schriftlich*,
der Freund – *freundlich*, der Sport – *sportlich*,
der Ärger – *ärgerlich*, das Fest – *festlich*

4 glücklich + ein Sieger: *ein glücklicher Sieger*
freundlich + eine Frau: *eine freundliche Frau*
schriftlich + eine Aufgabe: *eine schriftliche Aufgabe*
sportlich + ein Junge: *ein sportlicher Junge*

1 Mein kleiner Bruder würde mich aber bestimmt verraten!

2 a. *Diese Wörter mit ver- findest du im Text:*
verbringen, verkleiden, verstecken, verlaufen, verraten

2 b. verbringen, verkleiden, verstecken, verlaufen, verraten

3 Am Samstag werden wir einen Tag auf der Burg *verbringen*. Zuerst möchte ich mich als Burgfräulein *verkleiden*. Anschließend werde ich mich vor den anderen *verstecken*. Bei der Suche werden sich die anderen vielleicht *verlaufen*. Mein kleiner Bruder wird mich hoffentlich nicht *verraten*.

4 verbringen: *ich verbringe, du verbringst, er/sie/es verbringt, wir verbringen, ihr verbringt, sie verbringen*
verraten: *ich verrate, du verrätst, er/sie/es verrät, wir verraten, ihr verratet, sie verraten*

5 verbinden, verfahren, verkaufen, verlassen, verreisen, verschieben, verstehen, versuchen, verteilen

6 Du sprichst so leise. Ich kann dich nicht *verstehen*.
Die Aufgabe ist schwer. Ich will es trotzdem *versuchen*.
Endlich Ferien! Ich werde an die Nordsee *verreisen*.
Gleich ist Pause. Dann müssen wir den Klassenraum *verlassen*.
Ich habe mich am Fuß verletzt. Der Arzt musste ihn *verbinden*.
Diese CD mag ich nicht mehr hören. Ich will sie *verkaufen*.
Ich habe Kekse für alle gebacken. Ich möchte sie in der Klasse *verteilen*.
Am Freitag hat niemand Zeit. Wir werden den Kinobesuch *verschieben*.

1 und **2**
Tom sagt, Lene könnte ein Gedicht aufsagen.
Ida sagt, Lene könnte ein Lied vorsingen oder etwas vortanzen.
Ben sagt, Lene könnte etwas Lustiges vorspielen.

3 a. *Diese Wörter mit ver- findest du im Text:*
vorführen, vorschlagen, vorsingen, vortanzen, vorspielen, vorsagen

3 b. vorführen, vorschlagen, vorsingen, vortanzen, vorspielen, vorsagen

4 b. und c.
So könnte deine Lösung aussehen:
Wörter mit vor-
Ich möchte etwas vorschlagen.
In der Musikstunde möchte ich vorsingen.
Die Theatergruppe wird etwas vorführen.
Am liebsten möchte ich vortanzen.

1 ☒ Der Nachbar bringt die Katze zurück.

2 a. *Diese Wörter mit ent- findest du im Text:*
entschließt, entscheidet, entdecken, entkommen, entlaufen

2 b. entschließt, entscheidet, entdecken, entkommen, entlaufen

3 ent- + nehmen: *entnehmen*
ent- + wickeln: *entwickeln*
ent- + wischen: *entwischen*

1 Die Kinder haben von 8 Uhr bis 12 Uhr Unterricht. Wir Erwachsenen trainieren und kümmern uns um die Tiere.

2 a. und **b.** und **c.**
R = *Fragen des Reporters.*
S = *Antworten der Schlangentänzerin.*
R: Wo wohnen Sie, Frau Iwana?
S: Dort hinten in dem roten Wohnwagen lebe ich.
R: Was machen Sie in diesem großen Zirkus?
S: Ich tanze mit Schlangen.
R: Wie lange arbeiten Sie schon hier?
S: Bei diesem Zirkus bin ich schon mein Leben lang. Mein Vater ist hier Zeltmeister und meine Mutter Köchin.
R: Warum sind Sie Schlangentänzerin geworden?
S: Ich tanze gern und ich liebe Tiere.
R: Wie oft wurden Sie schon von einer Schlange gebissen?
S: Mich hat noch nie eine Schlange gebissen. Es ist wichtig, dass man die Tiere achtet und respektiert.
R: Die Zirkusvorstellungen sind nachmittags. Was machen die Zirkusmenschen vormittags?
S: Die Kinder haben von 8 Uhr bis 12 Uhr Unterricht. Ihre Lehrerin reist immer mit uns mit. Wir Erwachsenen trainieren und kümmern uns um die Tiere.
R: Vielen Dank für dieses Interview, Frau Iwana.

5 a. *Hier steht das vollständige Interview:*
R = *Fragen des Reporter.*
P = *Antworten des Pferdes.*
R: Was für ein Tier bist du?
P: *Ich bin ein Zirkuspferd.*
R: *Wie heißt du?*
P: Ich heiße Pepper.
R: *Wie alt bist du?*
P: Mein Alter weiß ich nicht.
R: *Wie groß bist du?*
P: Ich bin so groß wie ein erwachsener Mensch.
R: *Was frisst du am liebsten?*
P: Am liebsten fresse ich Äpfel und Würfelzucker.
R: Was tust du gern?
P: *Ich springe und schlafe gern.*

1 a. und **b.**
Der Tierarzt untersucht den Mund, den Hals und die Zunge.
Auch das Fell, die Ohren, die Augen und die Zähne sind in Ordnung.

2 a. und **b.** und **c.**
Der Zirkusdirektor macht sich Sorgen um das kranke Kamel. Die Seiltänzerin, der Clown, der Zauberer und der Löwendompteur kommen schnell herbeigelaufen. Der Tierarzt tastet dem Kamel den Bauch ab. Dann sagt er lächelnd: „Das Kamel ist eine Dame. Sie bekommt ein Baby." Alle sind begeistert. Die Kameldame soll in den nächsten Monaten Ruhe, Streicheleinheiten, Kraftfutter und Vitamine bekommen.

1 a. Lea sagt: „Mama, der Zirkus ist in der Stadt."
Die Mutter fragt: „Möchtest du hingehen?"
Lea antwortet: „Oh ja, sehr gern."
Der Vater flüstert: „Ich habe schon drei Karten."

2 a. und **b.** und **c.**
Der Vorhang öffnet sich und der Zirkusdirektor kommt herein.
Er ruft: „ Herzlich willkommen in unserem Zirkus! "
Lea rutscht vor Aufregung auf ihrem Platz hin und her.
Der Vater sagt: „ Jetzt geht es los. "
Lea antwortet: „ Ich liebe den Zirkus. "

3 a. und **b.** und **c.**
Der Vater fragt: „Was fandest du im Zirkus am schönsten?"
Lea antwortet: *„Am schönsten fand ich die Zirkuspferde."*
Der Vater möchte wissen: „Was war heute am spannendsten?"
Lea erzählt begeistert: *„Am spannendsten war die Vorführung der Seiltänzer."*

2 c. und **3**

Lebewesen	Gegenstand	
Ritter	Schwert	Goldstück
Fee	Hexenhaus	Spiegel
Zauberer	Edelstein	Mütze
Zauberblume	Schloss	Zauberstab
Prinzessin	Buch	Schatztruhe
Zwerg	Burgtor	Giftnadel
Pferd	Tarnkappe	Krone

1 *Im Text stehen diese Nomen:*
Mädchen, Mutter, Vater, Hütte, Boden, Bett, Pflanze, Ofen, Brot, Amalia, Vogel, Reh, Hexe

2 der/ein: *der Vater, der Boden, der Ofen, ein Vogel*
das/ein: *ein Mädchen, das Bett, das Brot, ein Reh*
die/eine: *die Mutter, die Hütte, eine Pflanze,*
die Amalia, eine Hexe

3 *Das Mädchen* war arm.
Das Mädchen lebte ganz allein.
Der Vater und *die Mutter* waren leider gestorben.
Die Hütte war sehr alt.
Der Boden war trotzdem sauber.
Das Bett war gemacht.
Die Hexe war böse.
Das Mädchen musste mit ihr gehen.

Seite 72

4 Lebewesen: die Hexe, das Mädchen, ein Prinz,
den Königssohn
Gegenstände: das Fenster, den Boden, eine Suppe,
das Haus, einen Kuss

5 Wen sperrte die Hexe ein? *das Mädchen*
Was putzte Amalia? *das Fenster*
Was wischte Amalia? *den Boden*
Was kochte Amalia? *eine Suppe*
Wen erblickte das Mädchen? *den Königssohn*

6 Wem musste Amalia helfen? *der Hexe*
Wem gab der Prinz einen Kuss? *dem Mädchen*

7 *So könnten deine Antworten aussehen:*
Wem begegneten der Prinz und Amalia unterwegs?
Unterwegs begegneten sie einem Vogel,
einem Eichhörnchen und einer Eule.
Wem dankte das Mädchen?
Das Mädchen dankte dem Prinzen.
Wem gefiel der Prinz?
Der Prinz gefiel der Prinzessin.
Wen bestrafte der Prinz?
Der Prinz bestrafte die Hexe.

Seite 73

1 *Diese Nomen und Artikel könntest du markiert haben:*
der Prinz, das Mädchen, ein Fest, ein Diener,
die Nachricht, die Bauern, die Zwerge, die Könige,
die Hexen, die Tiere, Tischen, die Kerzen, die Schüsseln,
die Kartoffeln, die Schweine, die Enten, die Brote,
die Fische, die Tassen, die Salate

2

Singular	Plural mit der Endung -e
der Zwerg	*die Zwerge*
der König	*die Könige*
das Tier	*die Tiere*
das Schwein	*die Schweine*
das Brot	*die Brote*
der Fisch	*die Fische*
der Salat	*die Salate*

Singular	Plural mit der Endung -n
der Bauer	*die Bauern*
die Hexe	*die Hexen*
die Schüssel	*die Schüsseln*
die Kerze	*die Kerzen*
die Kartoffel	*die Kartoffeln*
die Ente	*die Enten*
die Tasse	*die Tassen*

3 Der bestimmte Artikel im Plural heißt immer *die*.

4 der Pilz – *die Pilze*, die Blume – *die Blumen*,
der Tisch – *die Tische*, die Katze – *die Katzen*,
das Pferd – *die Pferde*, die Pfeife – *die Pfeifen*

Seite 74

2 a. *Das könntest du markiert haben:*
einen bunten Anzug, eine rote Kappe,
einen langen Zipfel, ein goldenes Glöckchen,
einen roten Umhang, ein gelbes Hemd,
einen grünen Gürtel, lange rote Strümpfe,
spitze blaue Schuhe

2 b. und c.
einen: einen bunten Anzug, einen roten Umhang,
einen grünen Gürtel, einen goldenen Spiegel,
einen langen Zipfel
ein: ein goldenes Glöckchen, ein gelbes Hemd
eine: eine rote Kappe, eine geheimnisvolle Eule

3 lange rote Strümpfe, spitze blaue Schuhe

Seite 75

6 *So könnte dein Text aussehen:*
Nasrettin Hoca trägt einen riesigen Turban.
Er hat einen grauen Bart.
Nasrettin trägt ein violettes Hemd.
Er trägt eine blaue Hose.
Er hat eine blaue Schärpe.
Nasrettin trägt gelbe Schuhe.
Die Hose hat weite Hosenbeine.

Seite 76

1 *So könnte deine Lösung aussehen:*
Maria und Mia *beobachten* zwei Katzen durch ein Fernglas.
Lea und Jonas *hocken* auf der kleinen Mauer.
Finn und Paul *spielen* mit Papierfliegern.
Lilli und Luka *laufen* um die Wette.
Sina und Nele *essen* ihr Frühstück.
Akin und Jan *turnen* am Klettergerüst.

2 a. beobachten, spielen, laufen, essen, turnen, lesen,
fahren

2 b. beobachten: *ich beobachte, du beobachtest,*
er/sie/es beobachtet, wir beobachten,
ihr beobachtet, sie beobachten
turnen: *ich turne, du turnst, er/sie/es turnt,*
wir turnen, ihr turnt, sie turnen

3 a. und b.
lesen: er liest
fahren: er fährt
laufen: er läuft

Seite 77

1 Felix soll den Kaugummi aus dem Mund herausnehmen.
Nikolai soll das Comic-Heft zumachen und Emily soll
das Brot wegpacken.

2 a. und b.
Felix nimmt den Kaugummi aus dem Mund heraus.
Nikolai macht das Comic-Heft zu.
Emily packt das Brot weg.

3 b. und c.
Felix – das Gedicht aus dem Buch abschreiben
Nikolai – die Matheaufgaben im Heft ausrechnen
Emily – die Wörter mit ie aufschreiben
Mia – die Geschichte im Deutschbuch S. 8 vorlesen
Akin – die Blumen aus Krepppapier ausschneiden

4 a. und b.
Felix schreibt das Gedicht aus dem Buch ab.
Nikolai rechnet die Matheaufgaben im Heft aus.
Emily schreibt die Wörter mit ie auf.
Mia liest die Geschichte im Deutschbuch S. 8 vor.
Akin schneidet die Blumen aus Krepppapier aus.

Seite 78

2 *Diese Verbformen könntest du markiert haben:*
ist passiert, habe gezerrt, hast gemacht, sind gewandert,
sind geklettert, haben gespielt, bin gestolpert,
bin gestürzt, hast gehabt, hat gesagt

3

Verbformen mit haben	Verbformen mit sein
ich habe mir gezerrt	es ist passiert
du hast gemacht	wir sind gewandert
wir haben gespielt	wir sind geklettert
du hast gehabt	ich bin gestolpert
er hat gesagt	ich bin gestürzt

4 a. Mia: Erzähl mal: Was hast du dann gemacht?

Maria: Ich habe viele Tränen geweint,

aber Frau Wiese hat mich ganz lieb getröstet.

Danach sind wir zum Arzt gefahren.

Der hat mir einen Verband gemacht.

Seite 79

6 *Diese Perfektformen könntest du markiert haben:*
hat getrunken, sind gegangen, sind geblieben,
sind geschwommen, bin gesprungen, habe geschrien,
haben gesagt, ist gewesen, sind geflogen,
haben gesehen

7 und **8**
fliegen: *wir sind geflogen*
schwimmen: *wir sind geschwommen*
frieren: *wir haben gefroren*
bleiben: *wir sind geblieben*
springen: *ich bin gesprungen*
gehen: *wir sind gegangen*
sehen: *wir haben gesehen*
schreien: *ich habe geschrien*
sein: *das ist gewesen*
trinken: *sie haben getrunken*

Seite 80

1 a. und b. und **2**
ich machte – machen
ich kletterte – klettern
sie feierten – feiern
er backte – backen
er machte – machen
sie schlürften – schlürfen
wir spielten – spielen
er erzählte – erzählen
sie lachten – lachen
es wackelte – wackeln
ich erwachte – erwachen
ich merkte – merken

3 1 Ich *reiste* mit dem Bus. Unterwegs *schlummerte* ich.
2 Ich *schaffte* nur einen einzigen dieser Riesenkekse.

4 1 passt in Zeile 2.
2 passt in Zeile 6.

Seite 81

6 a. und b. und c.
essen – ich aß, sein – wir waren, fahren – ihr fuhrt,
liegen – es lag, kommen – wir kamen, tun – sie tat,
rufen – er rief, fallen – es fiel, laufen – er lief,
geben – sie gab, sehen – wir sahen, gehen – du gingst,
werden – sie wurden, sitzen – sie saßen,
werfen – er warf, haben – wir hatten

7 Lieber Erfinder,
als wir Ihre Maschine *sahen, waren* wir ganz schön
verblüfft. Zuerst *tat* sie gar nichts. Als Nick aber
die ersten Wörter in die Maschine *warf, gab* sie seltsame
Geräusche von sich und dann *fiel* ein Wort nach
dem anderen heraus. Unser Lehrer *lief* dabei die ganze
Zeit aufgeregt durch die Klasse. Wir *hatten* viel Spaß
mit Ihrer Erfindung. Vielen Dank und liebe Grüße
Ihre Klasse 5b

Seite 82

1 b. und **2**
stehen: *Er steht in der Schlange.*
aufstehen: *Er steht von seinem Platz auf.*
fallen: *Sie stolpert und fällt auf die Knie.*
einfallen: *Plötzlich fällt ihr die Lösung
der Aufgabe ein.*
schließen: *Er schließt die Tür.*
zuschließen: *Er schließt die Tür
mit einem Schlüssel zu.*

3 a. und b.
So könnten deine Sätze aussehen:
Ich stehe um sieben Uhr auf. Dann packe ich
meine Sachen ein. Anschließend gehe ich los und
steige an der Haltestelle in den Schulbus ein.

1 *Das könntest du markiert haben:*

Mein Ufo ist kaputt. Ich kann heute nicht kommen.
Soll ich dir helfen?
Ich will noch mit Allina ins Kino gehen. Vielleicht klappt
es ja doch noch.
Dann müssen wir uns beeilen.
Super, fertig! Möchtest du mitkommen?
Ich darf nicht. Ich muss noch unser Ufo reparieren.

2 c. *obere Bildreihe, linkes Bild:*
„Möchtest du ein Eis essen?"
obere Reihe, mittleres Bild:
„Ich muss um 22 Uhr zu Hause sein."
obere Reihe, rechtes Bild:
„Soll ich dich nach Hause bringen?"
untere Reihe, linkes Bild:
„Wollen wir morgen schwimmen gehen?"
untere Reihe, mittleres Bild:
„Ich kann leider nicht mitkommen."
untere Reihe, rechtes Bild:
„Darf ich dich dann anrufen?"

1 a. und b.

Wohin kommt der Kasten? – auf den Tisch
Wohin kommt der Papierkorb? – unter den Tisch
Wohin kommt das Bild? – an die Wand
Wohin kommt die Leiter? – neben das Regal
Wohin kommt das Buch? – in das Regal

2 *Das könntest du aufgeschrieben haben:*
Julia stellt den Papierkorb unter den Tisch.
Kevin stellt den Kasten auf den Tisch.
Raik hängt das Bild an die Wand.
Maria stellt die Leiter neben das Regal.
Olga legt das Buch in das Regal.

1 a. und b.

Wo ist der Kasten? *Er steht auf dem Tisch.*
Wo ist der Papierkorb? *Er steht unter dem Tisch.*
Wo ist das Bild? *Es hängt an der Wand.*
Wo ist das Buch? *Es steht in dem Regal.*
Wo ist die Leiter? *Sie steht neben dem Regal.*

2 a. und b.

So könnte deine Lösung aussehen:
Kira sitzt auf dem Stuhl.
Ina liest auf dem Fußboden.
Celina sitzt an dem Tisch.
Jan sitzt auf dem Kissen.
Enrico steht neben dem Tisch.
Paulo lehnt an dem Regal.

1 a. und b.

Familie Jensen | sammelt | Spielsachen |
für den Flohmarkt.
Für den Flohmarkt | sammelt | Familie Jensen |
Spielsachen.
Spielsachen | sammelt | Familie Jensen |
für den Flohmarkt.

2 a. und b. und c.

Felix findet die alte Rennbahn auf dem Dachboden.
Die alte Rennbahn | findet | Felix | auf dem Dachboden.
Ihre Kinderbücher spendet die große Schwester.
Die große Schwester | spendet | ihre Kinderbücher.
Der kleine Ben holt den Einkaufsladen
aus seinem Zimmer.
*Den Einkaufsladen | holt | der kleine Ben |
aus seinem Zimmer.*

3 a. und b.

Familie Jensen | belädt | das Auto |
mit Flohmarktsachen.
Im Kofferraum | liegt | der Verkaufstisch.
Die Kinder | tragen | ihre Spielsachen |
zum Auto.
Vater Jensen | stellt | die alte Lampe |
auf den Vordersitz.

1 Das Mädchen – verkauft – ihr Spielzeug.
Das kleine Baby – schläft – im Kinderwagen.
Die Frau – bezahlt – das dicke Märchenbuch.
Der lustige Opa – repariert – den Verkaufstisch.

2 b. und c.

Was tut die Frau? Die Frau bezahlt
das dicke Märchenbuch.
Was tut das Mädchen? Das Mädchen verkauft
ihr Spielzeug.
Was tut das kleine Baby? Das kleine Baby schläft
im Kinderwagen.
Was tut der lustige Opa? Der lustige Opa repariert
den Verkaufstisch.

3 a. *Diese Prädikate könntest du markiert haben:*
bezahlt, holt, tragen, stellt, legt, sitzen, kommen

1 b. und c. und **2**

Um 7:00 Uhr klingelt *der Wecker*.

Familie Jensen fährt mit dem Auto zum Flohmarkt.

Der Flohmarktstand kostet Geld.

Eine Stunde später beginnt schon *der Flohmarkt*.

Familie Jensen möchte auf dem Flohmarkt
ihre alten Sachen verkaufen.

Der Vater baut den Tisch auf.

Am Abend sind *alle* müde.

3 b. und c.
Peter hat alle Spielzeugautos verkauft.
Wer oder Was hat alle Spielzeugautos verkauft? *Peter*.

Die Oma hat einen Mantel gekauft.
Wer oder Was hat einen Mantel gekauft? *Die Oma*.

Seite 89

1 a. und b.
Ein Besucher hat seine Tasche verloren.
Ein Kind hat seinen Schnuller verloren.
Ein Mann hat sein Handy verloren.
Ein Junge hat seine Jacke verloren.
Ein Mädchen hat seinen Pullover verloren.
Ein Junge hat seinen Freund verloren.
Ein Mann hat seinen Schlüssel verloren.

2 b. und c.
Das könntest du aufgeschrieben haben:
Wem gehört das Schaukelpferd? Dem Mädchen gehört
das Schaukelpferd.
Wem gehört der Hund? Dem Opa gehört der Hund.
Wem gehört die Tasse? Der Oma gehört die Tasse.
Wem gehört der Schnuller? Dem Baby gehört
der Schnuller.
Wem gehört das Fußballbuch? Dem Jungen gehört
das Fußballbuch.
Wem gehört die Handtasche? Der Frau gehört
die Handtasche.

Seite 90

2 *Diese Kleidung findest du im Text:*
Umhang aus Ziegenfell, Hose, Umhang aus Gras,
Mütze aus Bärenfell, Schuhe aus Hirschleder
Diese Werkzeuge findest du im Text:
Beil, Pfeile, Bogen

3 Ötzi trug diese Kleidung:
① *eine Mütze aus Bärenfell*
② *einen Umhang aus Gras*
③ *einen Umhang aus Ziegenfell*
④ *eine Hose aus Ziegenfell*
⑤ *Schuhe aus Hirschleder*

Ötzi hatte diese Werkzeuge bei sich:
⑥ *Pfeile*
⑦ *ein Beil*
⑧ *einen Bogen*

Seite 91

2 Bild 1: Frieda ist im Badezimmer und lässt Wasser
in die Wanne laufen.
Bild 2: Sie freut sich auf ein warmes Bad. Sie lächelt.
Bild 3: Frieda sitzt vor dem Fernseher, schaut fern und
wartet darauf, dass das Badewasser fertig ist.
Bild 4: Frieda ist eingeschlafen. Das Wasser schwappt
inzwischen bis ins Wohnzimmer.
Bild 5: Frieda läuft schnell ins Badezimmer.
Bild 6: Sie dreht den Wasserhahn zu.

3 *So könnte deine Lösung aussehen:*
Wasser im Wohnzimmer
Frieda ist im Badezimmer und lässt heißes Wasser
in die Wanne laufen. Sie freut sich sehr auf das warme
Bad und verlässt zufrieden den Raum. Danach setzt
sie sich vor den Fernseher und wartet darauf, dass
die Badewanne voll ist. Frieda ist vor dem Fernseher
eingeschlafen. Nun schwappt das Wasser
bis ins Wohnzimmer. Frieda rennt schnell ins Bad.
Dort dreht sie flink den Wasserhahn zu.

Seite 92

2 und **3** und **4**
Der Geburtstagsregen
① **Heute** feiert Jessica ihren Geburtstag.
Janina will zur Geburtstagsfeier gehen. Sie trägt
ein *großes* Päckchen mit einer Schleife und
einen *bunten* Blumenstrauß. Sie hat sich schön gemacht.
Am Himmel sind Sonne und *dunkle* Wolken.
② Es regnet. Janina wird nass.
③ Die Sonne scheint wieder. Doch das *große* Päckchen
ist nass. Die *schöne* Schleife hängt herunter.
Die *schönen* Blumen sind nass. Janina ist nicht
mehr schön. Aber Jessica freut sich.

Seite 93

2 *Das könntest du markiert haben:*
Der Nasenbär
Der Nasenbär gehört zur Klasse der Säugetiere.
Er kommt nur in Südamerika vor und lebt dort
überwiegend in Regenwäldern. Der Kleinbär erreicht
eine Länge bis zu 1,30 m. Er wiegt bis zu 6 kg. Der
Nasenbär besitzt eine lange Nase, die wie ein kleiner
Rüssel sehr beweglich ist. Sein Körper ist länglich,
die Beine sind kurz und kräftig. Auffällig ist sein langer,
geringelter und buschiger Schwanz. Das Raubtier
ernährt sich in der Hauptsache von Kleintieren, aber
auch von süßen Früchten. Die Nasenbären leben in
Gruppen mit einem Männchen und mehreren weiblichen
Tieren. Das Weibchen bekommt 2 bis 7 Jungtiere, die es
in ihren Baumnestern säugt und sehr fürsorglich pflegt.
In Kolumbien steht der Nasenbär unter Schutz.

3 und **4**

Hauptstichwörter	Informationen
Name und Klasse:	Nasenbär, Klasse der Säugetiere
Heimat und Lebensraum:	Südamerika, Regenwälder
Größe und Gewicht:	1,30 m, bis zu 6 kg
Aussehen:	länglicher Körper, kurze Beine, lange Nase, kleiner Rüssel, langer, buschiger Schwanz
Ernährung:	Kleintiere, Früchte
Nachwuchs:	2 bis 7 Jungtiere
Bedrohung:	steht unter Schutz

1 Ganz oben rechts stehen der Ort und das Datum. Darunter steht mit einem Abstand links die Anrede, dann folgt der Text, dann der Gruß und am Ende die Unterschrift.

2 und **3**
So könnte dein Brief aussehen:

Essen, 19. September

Lieber Max,
mein Name ist Moritz und ich suche einen Brieffreund.
Ich bin 11 Jahre alt und wohne in Essen.
Meine Schule heißt Erich-Kästner-Schule. Ich gehe da
in die fünfte Klasse. Ich spiele gerne Fußball und
tausche gerne Sammelkarten. Wenn du auch sammelst,
können wir gerne welche tauschen.
Viele Grüße
Moritz

1 ☒Vor langer Zeit lebte einmal eine ...

2 *Die richtigen Antworten lauten:*
Tiere oder Gegenstände können in Märchen sprechen.
Die magischen Zahlen drei und sieben kommen häufig in Märchen vor.
Zauberer, Hexen und Feen kommen in Märchen vor.
Der Märchenheld / die Märchenheldin wird am Ende des Märchens belohnt.
Märchen spielen in der Vergangenheit.

3 *Das könntest du aufgeschrieben haben:*
Lirum – larum – Löffelstiel,
Zaubern ist ja nur ein Spiel!

4 *Das könntest du aufgeschrieben haben:*
Und wenn sie nicht gestorben sind, dann leben sie noch heute.

1 a. und b.
Diese Wörter mit ie findest du im Text:
Liebe, die, Brief, telefonieren, Wie
Diese Wörter mit ß findest du im Text:
heiße, bloß, Straße, Gruß

2 a. *Diese Verben könntest du markiert haben:*
entschließen, verstehen, verbringen, vorschlagen, vorführen, entscheiden

2 b.

Verben mit ver-	Verben mit vor-	Verben mit ent-
verstehen	vorschlagen	entscheiden
verbringen	vorführen	entschließen

1 Nach einem kurzen Vokal schreibst du meist zwei *Konsonanten*, zwei gleiche oder zwei verschiedene.

2 das Blatt – *die Blätter*, die Mütze – *die Mützen*,
das Fell – *die Felle*, der Pass – *die Pässe*,
die Katze – *die Katzen*, die Stimme – *die Stimmen*,
der Keller – *die Keller*, die Tonne – *die Tonnen*

3 besetzt – zuletzt, erschrecken – verstecken,
die Katze – die Tatze, die Klasse – die Tasse,
die Mütze – die Pfütze, der Schatz – der Spatz,
die Spritze – die Witze

4 die Glückssache, glücklich, der Glücksbringer,
die Glücksfee, glücken

5 Wir *müssen* jeden Tag zur Schule gehen. Du *musst* immer mit dem Bus kommen. Ich *muss* mit dem Fahrrad fahren. Der Lehrer hat Glück, er *muss* nur ein paar Schritte bis zur Schule gehen. Die meisten Kinder gehen auch zu Fuß, sie *müssen* nicht mit dem Bus fahren.

1 Das Ungeheuer im Keller – ganz schön *schrecklich*!
Lina lag auf dem Sofa, als sie ein Geräusch hörte.
Es klang *gefährlich*! Es kam aus dem Keller.
Lina stieg *vorsichtig* die Treppe hinunter.
Sie zitterte vor Angst, aber sie kam sich
ganz schön *mutig* vor. Unten wartete Lina *ängstlich*.
Da, jetzt hörte sie es wieder!
Sie schlich in die Vorratskammer.
Dort sah sie etwas, das war *lustig*: Eine Maus knabberte Salzstangen aus einer Tüte. Sie schien sehr *hungrig*.
Lina lief erleichtert und *glücklich* wieder nach oben.

2 gefährlich + das Krokodil: *das gefährliche Krokodil*
schrecklich + der Löwe: *der schreckliche Löwe*
vorsichtig + die Katze: *die vorsichtige Katze*
mutig + der Spatz: *der mutige Spatz*
ängstlich + die Maus: *die ängstliche Maus*
lustig + der Affe: *der lustige Affe*
hungrig + das Flusspferd: *das hungrige Flusspferd*
glücklich + der Hund: *der glückliche Hund*

1 Nach einem Aussagesatz steht ein *Punkt*.
Nach einem Fragesatz steht ein *Fragezeichen*.

2 Wie war es im Zirkus?
Der Clown war richtig lustig.
Der Löwe sah ganz schön gefährlich aus.
Wieso habt ihr mich nicht mitgenommen?

3 Die Wörter einer Aufzählung trennt man durch *Komma* voneinander. Ausnahme: Kein Komma vor *und*.

4 In der Pause gab es Eis, Zuckerwatte, Bratwürstchen und Getränke.
Mama, Papa, Oma, Opa und ich gehen in die Abendvorstellung.

5 Vor der wörtlichen Rede kann ein *Begleitsatz* stehen.

6 a. und b. und c.
Die wörtliche Rede ist in der Lösung grau markiert,
der Begleitsatz ist unterstrichen.
<u>Der Zirkusdirektor fragt:</u> „Möchte mir jemand helfen?"
<u>Hanna springt auf und ruft:</u> „Ja, ich möchte helfen."
<u>Der Zirkusdirektor zeigt auf Hanna und sagt:</u>
„Das Mädchen mit dem lila Tuch darf zu mir kommen."

Seite 100

1 *Lebewesen:*
Ritter, Vogel, Mädchen, Hexe, Mutter

Gegenstände:
Mütze, Schloss, Ofen, Schwert, Spiegel

2

Lebewesen	Gegenstände
der Ritter	die Mütze
der Vogel	das Schloss
das Mädchen	der Ofen
die Hexe	das Schwert
die Mutter	der Spiegel

3 a. *Diese Nomen könntest du markiert haben:*
SONNE, SCHWIMMBAD, HANDTUCH, BALL, WASSER

3 b. die Sonne, das Schwimmbad, das Handtuch,
ein Ball, das Wasser

4 das Brot – *die Brote*, der Bauer – *die Bauern*,
das Tier – *die Tiere*, die Hexe – *die Hexen*,
der Salat – *die Salate*, die Kerze – *die Kerzen*,
der Fisch – *die Fische*, die Schüssel – *die Schüsseln*

Seite 101

1 a. und b.
Eulenspiegel hat *einen gelben Anzug* an.
Auf dem Kopf trägt er *eine blaue Kappe*.
Um die Schultern trägt Eulenspiegel
einen grünen Umhang.
Darunter hat er *ein violettes Hemd*.
Um den Bauch trägt er *einen roten Gürtel*.
An den Beinen hat er *weiße Strümpfe*.
An den Füßen trägt er *grüne Schuhe*.

2 Maria stellt das Buch *in das Regal*.
Das Buch steht jetzt *in dem Regal*.
Der Kalender hängt *an der Wand*.
Ronja hat den Kalender *an die Wand* gehängt.
Julia hat den Kasten *neben den Tisch* gestellt.
Nun steht der Kasten *neben dem Tisch*.
Anton legt einen Merkzettel *in das Buch*.
Nun liegt der Merkzettel *in dem Buch*.

Seite 102

1 turnen – *ich turne*, rennen – *ihr rennt*,
spielen – *du spielst*, laufen – *wir laufen*,
hocken – *er hockt*, essen – *sie essen*

2 Wir *feierten* ein Klassenfest.
Sonja *machte* einen großen Nudelsalat.
Leon *erzählte* viele Witze.
Die ganze Klasse *lachte*.

3 sehen – *sie sahen*
trinken – *ihr trankt*
geben – *ich gab*
schlafen – *du schliefst*
liegen – *er lag*
rufen – *wir riefen*

4 *Diese Verbformen im Perfekt könntest du markiert haben:*
hat gesagt – haben gespielt –
haben geschrien – bin geschwommen –
ist angekommen – sind gegangen

5 Paul packt sein Deutschheft weg.
Skadi schreibt ihre Hausaufgaben auf.
Ben liest eine Geschichte vor.

Seite 103

1 und 2
Familie Sader hat einen sehr vollen Flohmarkttisch.
Einen sehr vollen Flohmarkttisch | hat | Familie Sader.
Nele kauft einen Zauberkasten.
Einen Zauberkasten | kauft | Nele.

3 Mit *Was tut?* fragst du nach dem Prädikat.

4 Max isst Brot. Paul zählt sein Geld.

Anna blättert in ihrem neuen Comic-Heft.

5 Mit *Wer?* oder *Was?* fragst du nach dem Subjekt.

6 a. und b.
Der Verkaufsstand ist fertig. *Wer ist fertig?*
Ein Junge sucht seine Eltern. *Wer sucht seine Eltern?*
Tante Ulrike kommt zum Flohmarkt. *Wer kommt*
zum Flohmarkt?

7 a. und b.
Anna zeigt der älteren Dame ihr Puppenhaus.
Wem zeigt Anna ihr Puppenhaus?
Wen oder was zeigt Anna der älteren Dame?